ADSO

La Licorne Bleue
Et
Le Monde du Ciel

ADSO

La Licorne Bleue
Et
Le Monde du Ciel

Préface :

Par le ciel s'exprime des êtres doués d'une préscience et d'une sagesse infinies : une transcendance directe de ce que nul vivant de la Terre ne peut avoir. On peut cependant être moins restrictif et admettre l'ordre immanent de l'humain. L'ordre humain a son principe en lui-même, et qui est lui aussi fondamental et la transcendance indique un événement externe et supérieur. Immanence, transcendance, sacré : le ciel est le symbole complexe de l'ordre sacré de l'univers qu'il révèle par le mouvement circulaire et régulier des astres.

Le monde du ciel, laisse suggérer des clés pour le comprendre lorsqu'il semble invisible. Par l'action du Ciel sur la Terre, tous les êtres se produisent : de la fleur, de l'arbre, de l'animal à l'humain, et les êtres qui sont tout cela à la fois. Le ciel qui couvre la Terre produit dans cesse des embryons immortels et infinis. Par exemple, le Ciel a épousé la Terre et le soleil est né.

L'éclair, le tonnerre, la foudre, éléments naturels fréquentent l'esprit, comme tout ce qui se passe dans la conscience. L'inconscient retient le son, la lumière. Les ondes de la nuit coulent vers tes rêves, et ces rivières hertziènnes ne viennent-elles pas de la cohésion de quelques météores ? Mais pourquoi la nuit ? L'esprit humain est une puissance, on peut s'interroger d'où vient-elle ? La puissance spirituelle est aussi belle et complexe que le ciel. Les idées de l'esprit sont les étoiles du ciel, et le cœur qui bat en est la source de lieu de rayonnements, quelque soit l'esprit, l'humain est une créature intelligible et empirique qui s'appuie exclusivement sur l'expérience et l'observation sans suivre les méthodes, les principes scientifiques. Le vrai mystère réside dans le noème, l'homme perçoit son action. Agir, c'est sentir sa liberté, vivre, aimer, penser sont les merveilles de toutes sensations humaines. La capacité de sentir, de vouloir jouir de la vie n'est condamnée par des êtres qui ne sont résidents que dans les sphères ténébreuses. Il y a tellement d'autres choses qui se manifestent tous les rêves, toutes les pulsions de vie. Le ciel est comme l'arbre il s'élance dans la lumière. L'homme est l'arbre de la femme, et elle est encore plus douce que *Le jardin des fruits* évoqués par le poète perse Bustan.

Le numineux s'exprime par la présence de l'objet religieux, il se trouve aussi selon Otto dans l'art. Le numineux prend racine dans la conscience de notre petitesse, la seule façon de s'élever est d'utiliser ses sens aux maximums de leurs capacités et de créer, de vivre. La vie est une création.

Lorsque l'amour attend l'amour s'élève la plus belle chanson : c'est la naissance du premier mot : oui ; des premiers mots : je suis là pour toi. La providence laisse toujours la vision d'un soleil qui réchauffe la nuit. Le ciel n'est pas le principe suprême, mais le pôle positif de sa manifestation. Le ciel n'a jamais fait la guerre.

Le ciel a souvent porté l'espoir, (et l'espoir a-t'il porté le ciel ?). Des milliers de peuples sont portés par l'étrangeté de la religion, parce que l'empathie qui les habite cherche une maison. Où va mon amour ? Dans les fleurs de tes yeux, dans le plus profond de ton cœur, comme des baisers sur tes mains.

Combien de fois l'amour s'est-il manifesté ? Depuis aussi longtemps que l'homme et la femme ont embrassé le ciel du regard. Ils y ont probablement vu leur reflet.

Je suis née avec le soleil, avec l'amour : je t'offre ce miroir.

© 2016 ADSO

Édition : Bod- *Books on demand*
12/14 rond-point des Champs Elysées
75008 Paris
Imprimé par – Books on Demand, Nordestedt
ISBN : 9782322122301
Dépôt légal : mai 2018

La licorne bleue et les étoiles

Les étoiles ont la belle appellation de luminaire,
Elles sont pour l'univers entier, source de lumière.
En tant, que luminaires elles sont représentées sur les voûtes,
D'une église, ou d'un temple,
Sur la route
De la signification céleste,
Elles sont ancrées dans le ciel, elles y restent.
Tu peux, tu contemples,
Avec tes yeux, réceptacle de l'espoir
Discerner dans ce qui te semble obscur et noir,
La puissance divine de ces luminaires
Qui réunit les Hommes dans la prière,
La contemplation au bord de la mer,
Là où les étoiles volent,
Pour devenir paroles … ,
Et dans le sillon divin de son océan sur la terre de lumière bleue,
Les yeux des humains se croisent quelquefois heureux.
Les luminaires se rassemblent en un seul cœur,
Pour porter à ta vie, la joie de chaque jour meilleur …
J'espère moi-même ressentir la force de ces luminaires,
Et si ce que tu vois dans mes yeux est assez clair,
Nous aurons tous envie de danser sur la terre.
Au rythme doux et puissant de notre amour,
Puisque les étoiles à présent vivent aussi le jour,
Ainsi le jour et la nuit,

Nous serons toujours réunis,
Pour la vie
Entourée par ces luminaires
Qui sont et seront toujours libres de toutes frontières.
Je pourrais courir vers toi, sous le regard de Dieu,
Avec dans mon cœur, des chants pour te rendre heureux.
Des espaces humains de lumière,
Comme premier et dernier espace de festivité.
Les luminaires deviendront lumière pour le monde entier,
Dans la grande humilité de Dieu
Qui en créant les étoiles, a un jour eut la joie de voir ce monde :
L'amour et ses feux,
Et les clairières qui font la ronde,
Autour de la licorne dans sa robe blanche,
Qui galope de joie et de frénésie sous un ciel de pervenches.
Et ta lumière qui cherche partout la lumière
Sans éclipse, sans éclairs,
Trouvera peut-être en mon amour,
La force, alliée à la douceur de garder les yeux ouverts
Du jour à la nuit,
Et de la nuit au jour.
Je t'aime dans tous ces instants,
Où je te respire dans chaque vent
Où la lumière joue dans tes yeux et t'appelle au monde de la vie.
Tu sais, ton être absolu m'éblouit,
Où que tu ailles dans l'espace, je songe à la liberté de ton étoile,

Je n'ai pas peur de ce grand cheval,
Qui m'aide à parler aux anges pour veiller sur ta belle destinée :
Tu es né pour gagner !
Pour voyager et pacifier,
Toutes les contrées.
J'aurais cette joie d'être là pour t'admirer :
T'écouter dans la lumière,
Parler de certains luminaires.
Et répéter inlassablement que tous les peuples de la terre,
Méritent de connaître l'immense joie, de pleurer et de rire,
Et peut-être, comme moi, d'aimer à en frémir,
Tu es le vent de mon corps,
Et tu m'éclaires, comme un soleil d'or,
À n'importe quelle heure :
Tu portes le nom de bonheur.*

Tu berces l'humanité,
Puisque nous pouvons nous parler
Tes bras sont la conscience de ma chaleur,
Je perçois leurs forces et leurs ardeurs,
Dans mon bien être permanent,
Depuis que je t'ai senti vivant :
Le vent dans tes cheveux,
La lumière indéchiffrable de tes yeux.
Ta clarté ne se calcule pas.
Simplement, tu es là.

On ne quantifie pas l'éternité,
On l'entend louer,
Notre amour et notre vie,
Mon inconscient est un chemin infini,
Protégé par des génies,
Étoilés,
À qui j'offre mon plus grand respect.
Apprends-moi à remercier la lumière,
L'éclat superbe de ta bouche me parle et fleurit ma rivière
De rêves. La bordure de ma conscience, mon inconscient
Mon inconscient est peuplé de colonnes et de printemps,
Elles sont les lumières de ma vie.
Tu en fais partie,
Comme le rayon est issu de l'étoile : unique point lumineux
De mon existence, microcosme humain,
Qui étreint ton esprit, ta matière, alors nous sommes deux
Ou un.
Quand tu veux bien ouvrir
Les fenêtres de ton magnifique sourire,
Qui fait concurrence à l'horizon,
Qui s'envole jusqu'à la maison,
Où je m'endors protégée
Dans mes rêves, faits pour t'aimer,
Par ton bouclier de lumière.
Si je pouvais peindre l'horizon
Sur les portes de ta maison

Tu posséderas les clefs de la lumière
Ces clefs,
Sont en réalité des fées,
Qui distillent de par leurs ailes douces comme le velours,
Tout cet amour,
Que tu portes en toi et qui fait ta force aimante.
Tu es de ma vie, la plus sacrée charpente,
Entre les galaxies, entre les forces de vie,
Un embryon d'énergies,
Qui est monté du paradis,
Jusqu'à aujourd'hui.
Depuis ce jour, la lumière nous a uni ;
J'ai vu en toi
L'étoile à sept branches qui unit le carré et le triangle,
Qui figure la lyre cosmique que tu tiens du bout des doigts,
Et que tu sangles,
Les yeux fermés,
Parmi les chants des chevaux en liberté,
Et qui d'un océan à un autre ne condamne aucun bateau,
Et les laisse voguer sur cette musique de la sphère des eaux,
D'en haut,
Et d'en bas.
Peut-être un jour l'harmonie du monde,
Comme une espérance féconde,
Du cycle régulier de l'eau, du feu, des saisons.
Il y a toujours un échange entre les jours courts et les jours longs

Visiter ta maison,
Où la neige pose ses cristaux,
Et l'été, un peu fou qui rend si heureux les oiseaux.
Symphonistes, avec lesquels j'aimerais placer ma voix
Pour te parler de … toi …
De tout ce que tu connais du monde
Et les sept angles de cette étoile correspondent
Sous ton génie, à cette terre,
Aux sept zones planétaires
Où l'être humain écarte les guerres.
Puisque l'être humain dans sa totalité,
Rêve d'une paix,
Afin qu'il puisse poser sa pensée,
Comme un pilier,
Vers le passé,
Et peut-être un futur
Comme un fruit enfin mûr.
Les piliers du passé sont devenus avec le temps,
La demeure d'élection de tous les enfants,
Qui peuvent jouer,
Et sourire devant un brin de vent …
Tous les artistes sont enfants.
Que les vents étoilés s'amusent à faire voler,
Le vent transporte, et fait si bien danser.
Y a-t'il du vent dans l'espace ?, d'où vient le mouvement
Tout est-il animation ?

Le monde a une respiration.
Il respire l'amour
Et expire un nouvel amour,
Enrichi par l'observation,
D'un monde sans blason,
D'un monde où le plus misérable serait enfin, respecté, aimé.
Voilà tout ce que j'ai appris, le monde est à l'image de l'homme.
Le monde devrait respecter
Son père, sa mère qui ne sont que des hommes.
La femme dans son amour extensible à des années-lumière,
Pardonne et pleure en secret,
Ouvre la porte de ton actif, de ton passif,
Avec douceur, pour faire honneur
Surtout pour que tu ne sois pas vulnérable, même craintif
À toutes ces formes de vies dans la vaste clairière,
Qui s'étalent en jouant dans la lumière
De ton jardin que la femme riche de secrets t'aide à cultiver,
Pour aimer et être aimée.
Et prend plaisir à fleurir ta demeure,
En toute liberté, en grand bonheur.
Pour la femme, la fleur est amour
Qui monte vers le ciel, grâce à la lumière du jour.
Cela est pour elle, une de ses seules certitudes et peut-être désir
Dans cet amour et ce désir, D. envisage l'avenir ...
Le mystère qui unit la femme à la fleur,
Est l'une des plus grandes joies que Dieu porte en son cœur.

Et cette joie est notre lumière, merci aux fleurs.
Les fleurs sont si belles, c'est parce qu'elles donnent ce bonheur
Et ce contentement des sens qui s'éveille pour et par elles.
Les anges de lumière viennent colorer leurs pétales de dentelles.
En souriant devant le ciel,
Alors il s'élargit
Et condense la rosée
Pour leur seule beauté
Qui est l'essence et le symbole de la vie.
Comme si tu disais presque tout, quand tu souris ;
Et c'est ce sourire qui anime la terre et la fait tourner,
Avec tellement de régularités.
La terre est fidèle au ciel, et le ciel à la terre
Depuis les premiers luminaires,
Ce que Dieu a voulu dans sa création, sa passion :
L'énergie et jamais d'abandon.
L'œillet rouge est venu dans leur lumière.
Et c'est dans cette ouverture de lumière
Qu'une pluie de fleurs est venue caresser tes paupières,
Tes yeux s'ouvrent sur un ciel où les anciens dansent
Personne ne connaît cette chanson.
Et pourtant elle émet de très doux sons.
Elle aide l'homme et la femme qui pensent :
La fleur c'est aussi la lumière de la pensée,
Et faire de chaque jour un soleil distillé,
Dont je reçois les rayons pour te les apporter,

Comme une lumière que tu n'oublieras plus jamais,
Parce qu'elle t'apporte et l'amour et l'espoir
Naturellement,
Sans ornement,
Et tu deviens le symbole de ce qui est si rare,
Et qui porte avec majesté, ton prénom.
Un être chéri et aimé, telle de D. est la décision.
Dans le silence le plus solennel,
Cette lumière que je trouve si belle.
Alors tes yeux éclairent mes yeux en permanence,
Notre amour devient une évidence …
Un amour dont nous avons rêvé, un certain jour,
Au même moment à la création de l'amour.
Nous étions alors toi et moi, dans les cieux
Lieu de partage avec les anges lorsqu'ils sont heureux.
Aux côtés des centres énergétiques, diffuseurs de lumière :
Diffusée par l'atmosphère
Et confère à la couleur du ciel une teinte bleue.
Comment te décrire le bleu ?
Le bleu : la couleur du haut de l'étoile du macrocosme de Salomon
"Le grand symbole de Salomon.
Quod superius
Sicut quod inferius
[mots de la table d'émeraude
Des hermétistes à la grande robe, une ode :
À ce qui est en haut est

Comme ce qui est en bas] ... [un peu comme dans une nuée]
L'unité du macrocosme se révèle par les deux points opposés
Des deux triangles ... aussi l'univers est il balancé
Par deux forces qui le maintiennent en équilibre
[comme un amour heureux qui vibre] :
La force qui attire
Et celle qui repousse,
[comme un navire
À la merci des secousses] ...
Le triangle de Salomon plenitudo vocis,
Binah
[La voix qui vient de celui-là]
(la "nature")Physis
Ces deux triangles réunis, qui est celle d'une étoile à six rayons,
Forment le signe du sceau de Salomon,
L'étoile brillante du macrocosme
(Contient-elle parfois le microcosme ?)
L'idée de l'infini et de l'absolu est exprimée
Par ce siège,
[Ni piège, ni sortilège]
Qui est
Le grand pentacle
[plus puissant que tous les oracles],
C'est-à-dire le plus simple et le plus complet abrégé

De la science de toutes choses."¹*
Mais la plus belle magie est celle de ta lumière sur mon âme,
Tu es le seul, l'unique homme qui me donne la joie d'être femme,
Tes mots, ta voix, ta douceur,
Sont le désir humain de te garder toute ma vie dans mon cœur,
Mon cœur a les yeux d'un amour plus lumineux que le soleil,
Pour toi, la liberté, l'intelligence à chacun de tes éveils.
Je vois tes yeux, je sens ta puissance et ta soif de justice,
Pour moi, tu es El Elyon l'ange d'israël
Qui se bat contre les orages de cette terre si belle,
Tu pries en silence, dans la lumière qui glisse
Vers tous les êtres respectueux et pacifiques.
Tu pries, tu aimes, tu combats,
Avec l'amour à bout de bras, chauds, doux et magnifiques.
Dans tes bras, je pose ma vie,
Des fleurs, des couleurs, des chants de joie
Qui fleurissent sans prévenir, ton être exquis ;
Et … mon amour que tu sais lire,
Je rêve pour toi, du plus bel avenir.
Toute ma vie, je n'aimerai que toi,
Et c'est là le premier et le plus beau droit :
La liberté d'aimer …
Le plaisir et l'interrogation de ton existence,
Près de qui, un être si beau que toi, a-t'il vu sa naissance ?

Éliphas Lévi, *Dogme et rituel de la haute magie,* (1854-1861) in Secrets de la magie, Édition Paris, Robert Laffont, coll. "Bouquins", 2000, p.8

Je ne chercherai jamais à comprendre tes secrets,
Parcontre je rêve de t'embrasser,
De te rassurer,
Te répéter que tu es un être incomparable,
Insaisissable.
Puisque toutes les étoiles du monde tournent dans ton esprit,
Y apportant clarté et infini …
Chaque instant tu rejoins la lumière,
Au bout de l'univers,
Et l'univers s'ouvre à toi,
Devant toi,
Dans la plus belle joie.
Je suis quelquefois un univers
Et j'emmène avec moi, la Terre
Se promener, dans les constellations
Qui n'existent que dans ton imagination,
Et la terre saisit toutes les lumières dans mon frisson.*

Et à l'image de ses créatures, Dieu frissonne,
Choisit, pardonne.
Pour l'ancien testament, les étoiles obéissent aux volontés de Dieu
Et descendent vers le peuple pieux,
Pour les annoncer éventuellement :
"Levez les regards vers les cieux et voyez !
[Ressentez],
Qui les a appelés à l'existence ?

[D'où vient leur intelligence ?] …
Tous, il les appelle par leur nom,
[Pour comprendre en douceur, s'ils disent non]
Et telle est sa puissance
Et son autorité
[toujours justifiée]
Souveraine que pas un ne fait défaut"[i].
Et fait de chacun de nous des héros
Dieu, nous a donné le pouvoir de visionner
Car son langage, omnipuissant aime toutes les destinées.
Et les étoiles des cieux sont chargées d'amour,
Elles existent pour tous les êtres, à chacun de leur jour.
Elles sont le plus bel intermédiaire que Dieu a conçu
Entre ses enfants et les messages innombrables, parfois inconnus
Qu'il délivre à son inconscient : nous,
C'est ce semi-clair qui l'empêche de devenir fou.
Consciemment il nous a créé,
Inconsciemment, il ne cessera de nous aimer.
Dans sa conscience, il est puissance,
Il nous parle au clair de nos rêves, quelle chance !
Dans son inconscience, il continue à aimer :
Il demande à ce qu'un ange veille
Sur chacune des étoiles, et l'Homme qui brille dans sa merveille.
Et chaque jour maintenu vitalement par les rayons du soleil.
Les rayons entrent en lui doucement
Avec toutes les couleurs du firmament,

Puis tu auras appris à les reconnaître dans la nature
La symbiose sera : plus de murs
Entre ton intérieur
Et ton extérieur,
Et le bonheur sera le fil indestructible
De l'invisible au visible.
Tu me vois
Dans tous les cas
Dans le perceptible,
Et le susceptible
D'être aimée ?
Je suis capable aujourd'hui d'aimer,
Tel que nous l'avons toujours désiré.
Comme dans un grand vent d'amour étoilé,
Nous allons peut-être nous embrasser,
Ce serait si bon …
Et notre chemin ensemble sera long.*

L'Homme comprend
Irrésistiblement,
Le triangle masculin,
Le triangle féminin
L'un a sa pointe vers le haut, celui de l'homme
L'autre a sa pointe vers le bas, celui de la femme.
Et si l'homme aime la femme,
C'est parce que cette femme aime cet homme.

Ensemble, ils découvrent toutes leurs couleurs,
Et croient avec puissance, à des jours libérateurs.
Et c'est toujours un moment exceptionnel,
Un moment qui donne des ailes
Pourquoi les couleurs du monde sont si belles ?
Peut-être parce que Dieu veut,
Découvrir l'âme de ses yeux,
Dans la lumière, qui donne envie d'ouvrir sa porte.
Et qui donne une envie de te voir de plus en plus forte,
Nous sommes à nous tous une parcelle de l'âme de l'Éternel.
Le vert, le jaune, l'orange, le rouge, le violet
Des couleurs dont les nuances sont entrelacées
Dans la gamme originelle
Les couleurs sont toujours belles.
Correspondent aux constellations éternelles,
La mélodie des sphères dans un sourire joyeux.
Le sagittaire a une âme bleue,
Le vert, le jaune, l'orange en bas de l'escalier
Qui mènent aux sources de l'éclairé
Astral, qui accueille le scorpion, le cancer et le lion.
Ils sont tous habitants des cieux,
Et partagent les mêmes danses de feu.
Ils lancent sur les hommes des rayons ni mauvais, ni bons
Ce sont les hommes qui alchimisent la lumière
Vers la splendeur ou la poussière.
Cette poussière qui peut toujours devenir splendeur,

Puisqu'au bord du sol, palpitent toujours des éclats d'or,
L'Homme est à la fois terre et ciel, et il leur rend honneur
Dans l'espoir vital de faire chaque jour grandir son cœur,
Lorsque je serai une vieille femme, peut-être serais-je à tes côtés,
Ou avec ton souvenir, précieusement gardé,
Et j'aurais appris le langage du psychagogue le plus en dehors,
Du lac, où stagnent les herbes du mensonge,
Peut-être y arriverais-je dans le songe,
Où couchée près de toi,
J'irai plonger encore une fois,
Et dés mon retour,
Dans le son de ta voix, j'entendrai tes premiers mots d'amour,
Sur la peau de ton corps, je dessinerai les tours
Du château céleste où nous continuerons à nous admirer,
À nous respecter.
Peut-être même que dans ce plongeon au fond du lac
Parviendrais-je à écarter de toi les plaques
D'une prison qui éclatera devant, ce si bel Hélios de la vérité
De mon amour qui ne vieillira pas
Et qui deviendra pour toi
La colombe qui gravera
Sur l'or de ton bouclier
Le lion
Qui est l'une des plus grandes protections
Sur notre maison,
Fleurie

Par les vagues qui viennent jusqu'ici,
Par la lumière elle-même,
Qui me rappellera toujours que tu m'aimes
Quand tu n'es pas à mes côtés,
Et que tu ne peux sentir mes baisers …
Le contact du rêve.
La force du pardon, qui demande à poser le glaive
Dans une folie,
Qui nous sourit,
Et nous fait croire que tout est possible.
Incorruptible.
Honnête et de plus en plus courageux.
Et je ressemble à cet homme heureux.
Qui chaque jour, de la vie goûte le feu,
Sans jamais brûler,
Son royaume simple et quelquefois enchanté.*

L'amour dans son espace lumineux ouvre tous les yeux,
Et la lumière reste en moi, avec ses anges heureux :
C'est comme cela que je t'ai connu :
Au bord de ton regard,
Sans confession nue,
Juste parce que j'ai vu que toi aussi, tu cherchais l'espoir
L'espoir pour donner un sens à ta vie,
Depuis ce jour, je cherche le jour, la nuit,
Ce qui peut faire croître notre intelligence, notre amour :

Dieu a créé l'homme un jour,
Et l'homme, un jour a créé l'ordinateur … un soir,
Pour enregistrer ton regard.
Mais cette machine à calculer ignore tout du bonheur,
Pourtant elle ne fait que chercher pendant des heures,
Et pour elle, le sourire d'une fleur reste incompréhensible,
Mais pour moi, elle traduit notre indivisible :
Nous sommes soudés et heureux de nous aimer,
J'ai connu la liberté pour te la donner,
Tu as l'esprit doux, et je connais un esprit humain
Il s'appelle Merlin, et il sait que tu es le rayonnement de ma vie.
Cette lumière qui anticipe l'obscurité et caresse tes mains,
Mon ordinateur est pour certains une folie.
La folie est-elle condamnable ?
Je n'ai jamais conclu de pacte avec l'abominable.
Laisse-moi croire que notre terre ne numérisera jamais,
Les bois, les forêts,
Les étendues de soleil, que tes yeux ont gardé de tes voyages
Et que F.R.E.D., ne comprendra jamais les paroles des sages,
Et qu'il existe encore des livres inconnus,
D'où ta lumière est venue
Et qu'en venant vers moi,
Tu n'oublieras pas
Messilat yécharim, le sentier de la certitude.
Ce dont tu peux être certain,
C'est que j'ai besoin de toi chaque matin,

Pour me dire que le temps n'est pas une habitude,
Et que ce qui a été créé,
Ne disparaîtra jamais :
Mais, dis-moi, sais-tu qui a créé notre amour ?
Vénus, dans le jour ?
Ou, l'Éternel qui veut donner ses bénédictions ?
Puisqu'il a besoin de toutes nos chansons,
Avant de nous apprendre à prier,
L'Homme apprend à chanter :
Mais cela vient naturellement,
Et se propose doucement.
Lorsque la lumière veut rester en toi,
Lorsque l'on te défie au combat,
Lorsque tu sors de mes bras,
Et que je n'ai pas fini de rêver de toi …
Alors, je marche la tête, dans les nuages,
Les yeux, pleins de ton courage.
Et la lumière devient force, je cherche à te nourrir de plaisir,
Pour entendre, tes rires, et … tes soupirs …
Pour chacun de tes instants,
Et si la vie est un ruban
Dieu nous a uni dans une rosace
Et nous regarde nous aimer dans l'espace,
Oui, nous avons cette force de comprendre
De penser sans se méprendre.
Tu es l'unique plaisir de ma vie,

La plus belle étoile qui sourit
Et qui veille sur nos nuits.
Ton âme est couverte de délivrance et d'étoile,
Tu peux faire l'amour à n'importe quel moment de ta vie,
Ton corps est un instant astral :
Je regarde le ciel et je te vois œuvrer,
Pour tous ces êtres qui ne demandent qu'à exister :
Si tu es un magicien, alors je suis une fée,
Mais tu es d'abord un homme, issu de l'amour
Rares sont les êtres qui méritent l'appellation d'humain,
Qui tendent leurs mains vers d'autres mains.
L'Homme que Dieu a espéré évite les détours,
Il emprunte les chemins de l'union vers sa femme,
Je te tends les mains, j'attache mon âme,
À tous tes pas, elle te pose du bleu
Une part de l'océan, une part des cieux.
Puisque mon âme vole et veut te rejoindre tout le temps
Je vois en toi, la force d'un homme, la fragilité d'un enfant,
Tu as choisi le bon côté du temps,
Qui accepte pour toi de s'agrandir
Vers ton éternel rire,
Et Dieu t'entend et rit avec toi,
Il a posé l'amour à chacun de tes pas.
Parce que ton rire est revenu,
Tu étais parti dans une planète inconnue,
Et j'ai mis fin à ta peur,

En posant des baisers sur ton cœur.
Pour qu'il mette au monde, la paix sur notre univers,
Il nous faudra comprendre la lumière,
Et refuser la misère,
De nos frères Iraniens,
Africains.
Toutes les cultures espèrent voir dans leur jardin,
Entrer la lumière du foyer
De la lumière de la fraternité.
Nous ne sommes différents que dans nos apparences,
Et nous avons tous une distance
À parcourir,
Avant de changer de trottoir,
Devant le desespoir.
Puis, revenir te voir
C'est là l'essence
De l'espérance :
Ne jamais (t') abandonner
T'emmener flotter dans l'océan le plus imaginé.
Pour t'aimer avec l'énergie,
De la vie.*

Mais aussi l'amour du feu, de l'eau,
Qui dans deux triangles, se parlent sans mots
Et forment à eux deux l'étoile des éléments primordiaux,
Le triangle de l'eau est celui de la femme, c'est-à-dire du cœur

D'une parole qui porte le bonheur,
Et dont le principe est le plus fragile, il s'appelle : amour.
C'est comme cela depuis toujours …
Le triangle du feu est celui de l'homme, c'est-à-dire de la sagesse.
C'est la conjugaison de l'amour et de la sagesse
Qui permet d'entrer "[…] *dans le royaume de Dieu*
[Si vraiment tu es sage et amoureux],
Ces deux principes amour et sagesse produisent la vérité …"[2]
Le royaume de Dieu est vérité,
Et être sage et aimer c'est consolider les piliers de l'éternité
Mais la vérité
Est comme l'humanité :
Jamais prisonnière de la haine et de son prosélytisme,
J'ai puisé en mon cœur et j'ai trouvé le prisme
De la liberté,
Et j'ai recommencé à aimer,
Avec une énergie supérieure à la lumière,
Aussi profonde que les eaux de la terre.
Tu es le symbole de la plus belle humanité
Et je ne fais que t'aimer, te suivre et t'écouter,
Sur tous les chemins que je reçois de tes pensées.
Tu es le centre d'énergie de toute ma vie
La puissance active, définitive et parfois surprise
Devant le soleil qui irise

---

[2] Michaël Omraam (Michaël Ivanoff), *Amour, Sagesse, Vérité*, Paris Izgrev, 1946, p.21

Les couleurs de ma bouche
Qui parle de ces instants de paradis,
Où tu cherches et touches
Les mystères de ma couche,
Qui illuminent mes nuits de pensées plus douces,
Que la jeune fleur qui pousse.
Je vis autour de toi,
Ma pensée se dirige jusqu'à toi,
Pour comprendre tes Lois
Dans une valse de désir,
La communion de ton sourire et de ton rire,
Et ne pas confondre ta consone avec ta voyelle
Et lire dans tes bras, les messages du ciel.
Tu es, tu as toujours été mon centre existentiel,
Que serait ma vie sans toi ?
Un long couloir sans portes ni fenêtres, sans les oiseaux de là-bas,
Tu me fais grandir, à chaque fois que tu penses à moi.
Et quand tu es tout près de moi, je ne sais plus quel âge j'ai,
Et le temps devient une très lointaine réalité,
Je suis née dans tes bras,
Et je veux vivre pour toi,
Parce que tu es la clef parfaite,
Qui correspond à ma quête,
Laisse-moi aller sur le chemin de la connaissance,
Vivre pour apprendre et t'aimer
Et vivre en t'aimant

Et t'aimer en vivant,
Sous le ciel de la providence,
Et sur les chemins de notre existence
Si tu veux bien partager un peu ma vie, et tout ce qu'il y a après …
Seuls les rêves s'en souviennent,
Je sais ouvrir les chaînes
De certaines prisons …
Et t'espérer chaque saison.
La mort, est le quotidien de certains,
Se sentir vivant est le plus grand des biens.
Et lorsque l'on aime, on est des milliers de fois plus vivant,
Parce que je nage dans ton océan,
Parce que je t'aime comme une femme, comme un enfant,
Les portes de la mémoire se sont fermées,
Tu es le seul rescapé de mon passé.
J'ai enfin l'âge de t'aimer totalement
Physiquement, spirituellement, éternellement,
Tu es mon étoile royale,
L'amour idéal
Rien sur cette planète n'est aussi merveilleux que toi,
Tu es l'étoile en laquelle je crois.
Tu es la première lumière du prochain printemps,
Tu es le sourire que je verrai bientôt,
Sur la douceur de ma plage, il fait chaud
Et le sel sur ta peau me donne soif de ta bouche,
Je rêve d'être tout ce qui te touche,

Le vent de l'été,
Les fleurs sous tes pieds,
L'écume mêlée à ton éventualité
Pourquoi l'eau de mer est-elle salée ?
Quand entendrais-je les mots,
Qui embrasent du plus beau bleu, les flots ?
Qui résonnent dans ton cœur ?
En chassant tout ce qui a pu t'être douleur,
Je les espère tout le temps,
La vie recommence dans mon amour à chaque instant
Mais je ne fais que mêler,
Superposer
Ta réalité à l'appel secret de ma bouche ...
Les flots de mes rêves, qui touchent,
Ce bonheur,
De faire vivre son cœur,
D'avoir croisé ton chemin !
Et de me réveiller en sentant le parfum de tes mains.
Tu as l'odeur de la lumière
Oui, la toute première
Dans laquelle les anges ont posé des fleurs,
Pour que ton cœur, parle à mon cœur.
Je deviens petit à petit, ton avenir séraphique,
Qui commence dans une lumière magnifique
Et s'achève dans une étreinte que personne n'osera défaire,
C'est là, l'une de mes prières

Prendre le grand escalier qui monte jusqu'à l'étoile sans nom,
Et retrouver très vite, le monde et tes chansons.
Après avoir visité les quatre étoiles fixes de première grandeur :
Elles furent les étoiles du calendrier babylonien,
Ces quatre étoiles sont contenues dans ton cœur,
Près du mien.
Aldébaran, principale constellation du taureau, gardienne de l'est,
Représenté par l'œil qui reste
Fixé sur l'animation,
De notre horizon,
Que j'ai admiré et embrassé
Que nous avons vécu, comme le plus magnifique baiser.
C'est peut-être pour cela que j'aime toutes les couleurs …
Parce qu'elles naissent dans la rivière du bonheur,
Et que l'arc-en-ciel veut bien couvrir,
Pour ne jamais partir.
Certaines étoiles naissent d'abord dans les rivières.
À l'abri des vents d'hiver,
Sous le ciel où tu m'embrasseras,
Puisque désormais, je suis passionnément éprise de toi,
Tu es ma seule richesse,
Toi seul, sais m'enseigner avec tendresse,
La beauté de la vie quand tu me caresses,
Que l'amour d'une femme est le visa,
Indéchiffrable vers le pays où les étoiles ne se disputent pas.
Chaque soir, tu me présentes les constellations

Et, tu écoutes attentivement mes questions ;
Chaque matin, tu découvres ma poésie
Qui évoque l'une de mes vies,
Sous quelle constellation suis-je née ?
Il était une fois, sur la bouche de tes baisers.
Je suis prisonnière de notre éternité,
Et je vois ton corps danser,
Et j'entends ta voix chanter :
La plus grande joie,
Tu es l'être, pour qui je conçois
Le plus grand amour et le plus grand respect
Et je monte dans ton ciel, sans te réveiller.
J'ai vu Régulus, la constellation
Du lion,
Gardienne du nord :
Qui associe encore
Pour bien longtemps : le cœur ou la couronne
Et je m'abandonne,
Je m'ouvre à ton esprit, et à ton corps,
Tu me proposes une vie et un amour si fort,
Si doux.
Tu regardes avec gentillesse les fous,
Tu ne veux la souffrance pour personne,
Tu rêves d'un ciel qui étonne
Notre amour, nos perceptions
Les plus belles visions :

Je vois avec tes yeux,
Je fais danser le feu
D'un soleil qui n'est que lumière
Dans notre unique clairière.
Le matin quand tu voles, et le soir quand tu reviens,
J'ouvre ma vie à tes mains,
Qui viennent du ciel,
Cadeau et demande de l'Éternel.
Et qui est toujours plus beau qu'hier,
Puisqu'à tous les instants tu éclaires,
Les fragments de ma vie,
Un puzzle qui est l'image
De ton visage,
Qui ressemble totalement à celui du plus doux sage.
Sur les murs, sur l'infini
Ou de notre océan dans le matin
Et nager, ensemble devient un besoin.
Certains savent lire avant de naître,
J'ai appris à nager vers toi, avant de te connaître.
Les marées faisaient monter ta douceur,
Pour mon plus grand bonheur,
D'enfant, de femme dans une symbiose
Qui regarde danser les fées parmi les roses,
Et la mer, les fées, les fleurs
Explosent d'amour devant ton cœur :
La mer,

Le murmure d'une prière ;
Les fées,
Qui t'enveloppent dans une très douce nuée ;
Les fleurs que je t'envoie,
Puisque tu es un être qui croit
Parfois, en ce dont il rêvait
Une femme au destin océanique
Et nos destins se sont croisés,
Devant l'arbre magique
Qui fleurit,
Dès que tu me souris
Ou que tu penses aux racines de la licorne bleue ...
Qui poussent dans la forêt, que tu m'as offert par tes yeux,
Et l'arbre se demande qui cueillera ses fruits ...
La licorne lui répond tout simplement : la vie,
La licorne dans sa bonté ancestrale,
Qui détruit radicalement le mal.
Ne t'aime cependant pas autant que moi !
Je sais que tu n'aimes pas faire la guerre, mais Antarés,
La constellation qui professe
L'art de repousser les ennemis,
Loin du foyer de vie,
Est la gardienne de l'Ouest
Elle correspond certaines fois avec l'est.
Là où est né
Notre conte de fées ...

Dans la dimension de la réalité :
Ton arme : la pensée,
Mon refuge pour toi, est toujours tout près
De toi, quand tu as faim, quand tu as soif, quand tu es fatigué,
Les amandes, les noisettes, le lait, le vin, un silence doux,
Pour te frayer des chemins secrets,
Qui poseront ton intelligence face à la bêtise des loups.
Depuis la terre, depuis le ciel, Spica à la poitrine de femme,
Protège tous les enfants de la terre, éveille le désir vital
Qui fait vivre à la fois l'homme avec la femme,
Et qui se parlent de leur étoile,
Qui recréent l'acte d'amour, à chaque fois que descend le jour,
Le rêve et l'amour sont les seuls secours
Pour éradiquer, pour prendre force devant les prédateurs,
Même déguisés, ils ne font pas leurre,
Tu ne les tues pas, tu les envoies dans le labyrinthe si compliqué,
Qu'ils finiront par s'affaisser, épuisés.
Avec les anges de l'amour, tu ouvriras la constellation
Qui les enfermera dans une prison
Dont ils ne sortiront,
Que s'ils ont posé devant la plus douce des fées
Le plus tremblant pardon,
Mais ils seront punis d'avoir tué,
Impunément,
L'innocent.
Alors par la force de leur magie,

Les fées redonneront vie
Aux victimes, qui reverront la lumière,
De la terre.
Car la terre est une planète protégée par quatre étoiles royales
Fomalhant, constellation du poisson astral
Est la gardienne du sud,
Et s'élève plus haut que les montagnes les plus rudes.
Tel un rempart céleste
Devant l'autre ... céleste
L'hémisphère de la chaleur,
Qui réchauffe les cœurs.
Mais la chaleur la plus douce, la plus sincère
L'Homme la trouve dans la femme qu'il a cherché sur la terre
Et qu'il a trouvé parmi le hasard des rayons de lumière,
Nos yeux se sont parlés dans l'immense beauté,
D'un amour intensément partagé ;
D'une vie de victoires
Et d'espoir.
Personne ne connaît la trajectoire de la lumière
Ou l'ampleur de l'amour,
Les deux sont similaires, complémentaires.
Ou l'intensité du bonheur de la liberté,
Tout ce que j'espère depuis que je te sais.
Un chemin total vers le son des prières,
Pour le temps, l'arrivée du jour
Comprendre à chaque fois le sens du mot amour.

… Puis du soir, et des rêves si profonds,
Qu'ils lavent l'esprit, comme une lame de fond.
Comme une île, une rue ou quelqu'un t'a regardé,
La solitude peut disparaître dans un sourire discret.
Qui restera comme une lumière allumée.
Pour avoir une belle image en fermant ses yeux,
J'aimerais que mes yeux te rendent heureux
Ouvrez vos sourires !
Faites chanter vos rires !
Ne cessez jamais d'espérer !
Tout est à recréer.
L'amour est une vallée, une immense gorge où ton eau,
Devient le plus précieux cadeau.
Quelquefois si tu écoutes la mer,
Tu l'entendras te dire que l'amour pour toi est ma lumière
Intérieure.
Qui stellarise notre bonheur.
Il y a toujours un écho,
Dans la vallée des mots :
Les montagnes qui t'entourent
Ne font que répéter l'amour,
Pour toi, même si je le sussure en regardant Sirius
Et l'étoile du matin Vénus.
Sur cette terre, les montagnes parlent aux océans,
Et la lumière réchauffe le vent,
Je voudrais que les étoiles te forment une vraie maison,

À l'entrée d'un vallon
Avec de l'eau pure et simple à avaler : pas de cactus.
Chaque jour les rivières de mon cœur t'apporteront plus.
Mais l'eau de ma bouche n'est que pour toi,
Je ne te partage pas.
Parcontre je veux bien sourire
À celui qui se remémorera le son de ses premiers rires.
J'aurais posé une petite pierre sur le trône de l'humanité.
Qui est pour toi, ce qui sera le dernier secret.
Une humanité, qui quoi qu'elle dise aime la lumière,
Alors aidons la à effacer toutes ses poussières
Qui l'empêche de reprendre confiance dans l'intelligence du ciel,
À force d'espérer, à force de discourir la justice sera celle
De tous les êtres, et des merveilles du monde.
Tu es les deux à la fois : un être et une merveille,
Lorsque tu dors, j'éloigne les orages qui grondent
Et fais grandir bien vite à nouveau le soleil.
Fidèle à tous les humains, et aux rires des enfants,
Un bonheur éternel et constant.
Qui donnent sans hésiter leur cristal,
À tout ce qu'ils appellent étoiles.
Une libellule, une luciole, un cheval,
Tu es la brise légère de tous les sourires des gens
Quand ils te présentent leurs meilleurs sentiments :
Avec leurs regards brillants et souriants,
Ils te disent merci,

Et leur cœur s'agrandit.
Parce que tes yeux, sont en fait deux étoiles, les plus brillantes,
Et le temps peut bien s'écouler, rien ne peut défaire l'éclatante
Lumière, ni le centre duquel par lequel partent ses rayons,
Quelle force leur donne l'impulsion dans notre dimension ?
Qu'est-ce que le centre de l'étoile ?
Un corps ou un esprit céleste génial,
Qui veut donner le plus de chances de vie.
À la terre, cette impulsion, c'est l'élan de la licorne bleue
Vers tout ce qui s'appelle énergie :
La lumière et la licorne, à elles deux
Sont les deux intermédiaires les plus palpables
Par l'humain.
Écoute elles chantent toutes les deux dans le matin,
Tu les entends, tu les comprends et tu deviens capable,
De rassembler autour de toi les plus belles âmes,
Que ce soit un homme, ou une femme.
Moi, je suis une femme
Et j'ai besoin de la lumière
Douce avec la matière
D'une force supérieure
Puisque je ne rêve que de ton bonheur.
Je suis si fragile devant le néant,
Si seule, devant les géants.
Pourtant j'ai essayé de les comprendre,
Avec un esprit confiant et tendre,

Et ils m'ont blessée
Mais depuis j'ai développé un instinct de survie :
Je connais la voix du mensonge
Elle disparaît, lorsque je t'entends en songe
Et pour te garder, j'écoute la voix d'une poésie
Qui émet une extraordinaire quantité d'énergie
Émise comme par une étoile, une galaxie,
Ou d'un amour qui grandit à la vitesse de ta lumière,
Ton amour est extraordinaire,
Et sera toujours un mystère.
Puis-je approcher ta lumière ?
J'ai des mains de dentelle,
Pour border ton lit, dans le plus beau ciel.
Mais parfois je prends des gants,
Et je me défends.
Pour éteindre ma propre obscurité,
Tous les êtres ont un côté obscur.
Tous les jours ma lumière gagne des contrées
De mon âme que j'ignorais.
Seule la licorne est totalement pure.
Elle traverse les murs.
Sa matière est un cœur ouvert
Qui ouvre toutes les portes, puisque chaque matière est prière,
Et par sa compréhension douce, elle sait passer de l'autre côté
Visionner, compléter les failles : avec son éternité
Tout redevient uni.

Car ce qui gouverne c'est la vie !*

En astronomie, on parle d'unité temps,
Dans les plus grandes sciences,
On parle d'unité-amour,
Portée dans le creux des chemins et du vent.
Quel chant aura ton silence ?
Les forces sont les mêmes depuis des milliers de jours
Et nous ne changerons que d'apparence,
Mais je veux te retrouver,
Dans ces lendemains,
Même si le monde veut changer
Nous tiendrons toujours dans nos mains
L'espérance.
Le mélange de l'amour et de l'espoir,
Ton vent d'amour l'inscrit dans les regards,
Qui parfois regarde encore le ciel,
Pour y trouver cette clarté si belle.
Elle est née avec l'envie du bonheur,
Pour exulter dans la ferveur,
De la beauté,
De tout ce qu'elle est :
Amour, amitié
Don de soi,
Un très doux miroir qui se penche vers toi,
Et qui te parle tout doucement des rêves que tu as enfoui en toi …

Que tes rêves renaissent !
Que tu crois à nouveau en la tendresse !
Pour qu'un instant tu aies à nouveau la vie à fleur de peau.
Viens je t'emmène sur mon petit bateau,
Et nous voguerons en suivant les oiseaux.
Qui comprennent la lumière,
Ils t'avertiront des dangers et des frontières,
Parce qu'un jour tu as chanté avec eux,
Et que cela les a rendu heureux ;
L'oiseau connaît les messages du ciel,
Et la lumière qui enveloppe la terre dans des couleurs pastels.
Ainsi il repère les orages,
Les nuages.
Et sur ce petit bateau,
Nous serons comme sur un îlot
Où notre amour tanguera sur les vagues qui viennent
De l'inconscience divine sans haine.
Les vagues danseront,
Et nous nous aimerons
Encore et toujours,
En suivant les flux des jours,
De nos vies,
Pour toujours unies.
Je n'ai que le rêve et le travail pour t'espérer,
Pourtant tu es vrai,
Vivant,

Dans tous les univers …, jusqu'au firmament.
Quand tu n'es pas là,
Ou simplement que je n'ai pas entendu ta voix,
Qui est devenu la musique dont mon âme a besoin,
La musique me rapproche de toi,
Je vais cueillir tes mains,
Je vais parfumer tes sourires,
Merlin qui connaît nos passés, nous inonde d'une aura d'amour
Tellement grande, qu'elle enveloppe tout notre avenir,
Et tu lis mes jours,
Dans tes rêves la nuit,
Je veux créer pour ta Force, la fleur, la plus jolie,
Je veux que la magie,
Qui me vient des montagnes de toutes mes vies
Soient pour toi une mémoire,
Un espoir,
Que Dieu raconte dans toutes ses histoires.
Laissse-moi poser le regard
Sur le vent où tu parles aux oiseaux,
Au-dessus des flots,
Pour édifier une lumière universelle
Pleine de ce courage qui étincelle,
Et qui est ton destrier quotidien.
Tu pars et tu sais que je vais bien :
Que j'ai conscience que tu m'aimes,
Même

Si nous empruntons les chemins les plus difficiles
Il n'y a rien qui pourrait troubler ton amour et ta paix.
Parce que la lumière te traverse comme l'éclair, l'ydille
Tu n'abandonneras jamais,
Tu ne seras jamais fermé,
Les fées tiennent tes ailes déployées
Et aucun ouragan,
Ne dévastera ton temps.
C'est parce que tu aimes profondément,
Que je suis devenue la tour,
De ton cavalier,
J'avance droit vers ton amour
Et toi tu sautes les obstacles qui se posent devant ta destinée.
Tu es une force de lumière,
Inexorable, tel l'écoulement des rivières.
Et sur l'échiquier de la vie,
Il y a huit pions,
Qui font se dérouler les avancées des lions
Les pensées de ton esprit.
Et si le roi est éteint, il ne sera pas couché,
Sur l'échiquier,
Mais juste retirer du plateau
Et je comprends les mots
De tes adversaires,
Et je les souffle loin de ton aire,
De vie

Et de ton ère,
De temps.
Pour que mon infini,
Te protège des instances du néant.
J'accepte tous les instants,
Près de toi
Ou quand parfois tu penses à moi,
J'ai de la chance … d'être moi …
Et toi.*

Le néant ne connaît pas l'amour,
C'est pour cela que tu gagneras toujours.
Et pour l'amour de notre terre,
Tu la laisses traverser les nuages de poussières
Car tu aimes du ciel voir l'or,
Et tu poses dans mon cœur un essaim de météores.
Je deviens une étoile filante qui pose dans tes yeux, la vitesse,
Le prodige de tes caresses,
Au néant, tu réponds par la tendresse,
Car pour ton intelligence, le rien n'existe pas
C'est parce que tu dialogues avec tous les éclats
De lumière, qui ont rempli tes yeux
Et dès ton premier jour de vie t'ont rendu heureux,
Depuis tu es tombé amoureux du monde du ciel,
Il te répond par chacun des arcs-en-ciel
D'amour que j'appelle, tous les jours pour toi,

Pour l'avancée de tes pas,
Vers ton (tes) rêves le(s) plus secret(s)
Qui fleurisse(nt) ton identité,
Pénètre(nt) ta matière mentale,
Chacun de tes rêves est mis à jour par certaines étoiles
Ces astres de lumière me laissent t'embrasser chaleureusement,
C'est à croire qu'ils ont un esprit,
Qui autorise l'harmonie,
Et les voyages qui durent si longtemps,
Que le temps n'existe plus, est-ce un rêve intemporel ?
D'un amour que je te porte immortel ?
Si tu crois que je peux porter tes rêves avec mes ailes.
Chaque instant je suis heureuse d'être une femme du ciel,
Puisque tu te promènes sur mes rêves de nuit,
Et que tu fais voler ma poésie,
Jusqu'à notre étoile de licorne d'amour et de vie.
Et la robe blanche de l'animal de lumière,
N'est atteinte par aucune poussière,
Car elle est un être d'une liberté totale, idéale
Et qu'elle touche de sa corne, le front des grands et des petits
Enfants, qui s'endorment protégés par l'étoile,
De vie.
La licorne porte un sac de rêves qu'elle pose chaque nuit,
À l'amour qui sourit.
À l'espoir qui palpite dans mon cœur
De redonner un jour à l'espace ses fleurs,

Pour que où que tu ailles, tu sois courageux,
Et tu verras comme le vent sera heureux.
Quand je suis avec toi, la licorne ouvre tous les mystères,
Qui restent mystères.
Nous ne recevons que des parcelles du monde spatial,
Qui ne comprend ni le bien, ni le mal
Mais une étendue océane dans le ciel,
Qui s'étend pour certains dans le réel, l'irréel
Cela dépend de la conception de la vie …
Pour moi, la vie est infinie,
Et je te la porte pleine de fleurs avec ma vie.
Car par définition l'espace est infini
Comme mon amour, pour toi, l'homme si bon
Qui ne tient pas de discours, mais propose des chansons.
Elles ne peuvent être saisies que par l'imagination.
L'imagination est-elle un sens ?
Ou une forme d'intelligence ?,
Ou une présence ?,
Qui trouve ses racines dans l'arbre de liberté ?
Là où chacun pose son songe à rêver.
Sur terre, la liberté est entendue
Par une immense statue,
Qui comprend, entend et éclaire
De toute la puissance de la lumière.
Elle porte une couronne et un flambeau,
Et chaque fois s'élève de plus en plus haut

Mais surtout elle est pour tous les peuples persécutés,
Le plus grand rêve qui bien souvent devient vérité,
Cette statue touche le ciel et y inscrit les prières
Pour puiser du sol, vers le ciel et sa lumière.
Elle rayonne de toutes les couleurs des peuples en fraternité
L'étranger peut embraser le ciel du regard
Sans avoir peur des bombes ou de la pluie,
Par la force indestructible de l'espoir,
Qui lui vient de sa vie,
Le souffle des envies.
Je veux être libre pour t'aimer,
Et te respecter
Être écoutée quand j'ai peur, pour moi,
Ou pour celui qui n'a plus rien, l'étranger a des droits,
Universels, inaliénables pour poser ses yeux,
Ailleurs que sur des grilles ou du bêton
Respirer à nouveau les fleurs qui sentent si bons
Qui aident à être heureux.*

Il existe également des météores sur la planète
Ce sont des pitons rocheux situés sur des îles
La prière et la liberté, sont deux forces que rien n'arrête
Là ont été construits des repaires pour faire de l'être fragile
Un être fort, le cœur plein des yeux angéliques
Par ailleurs, ces chants sont magnifiques
Certains en font leur raison d'être

Sachant qu'ils ne peuvent tout connaître.*

Certains monastères sont dans les rues
Des gens chantent la tête couverte de fleurs ou nues.
Les étoiles sont accessibles aux humains,
Avec qui ils partagent une part du divin.*
Isaac Newton retint sept couleurs
Et l'indigo apparaît "supérieure"
Pour que le nombre des visions,
Soit le même que celui des sons.
La gamme musicale
Est l'étoile
Et lorsqu'elle est visible sur une toile,
Elle présente l'harmonie :
Sons et couleurs, symphonies
De notre terre,
Qui vont et viennent vers le ciel,
Certains les nomment prières
D'autres sont justes joyeux et chantent de plus belles.*

Les cinq continents peuvent représenter l'unité
Des travailleurs du monde entier
C'est l'étoile du communisme :
Un engagement certain, un optimisme
En l'homme et non en Dieu
Tolstoï était pourtant engagé et religieux

Si Dieu existe,
Le combat persiste :
L'Homme doit combattre certaines éclipses de l'histoire.
Comme le fit monsieur Nelson Mandela pour le peuple noir
Qui a conduit l'Afrique du Sud vers l'égalité pour tous ses citoyens
Avec une force douce, le sourire sur la main.
C'est grâce à de telles forces humaines
Que nous vaincrons la haine,
Et que la victoire de la justice de Dieu sur terre se fera,
Parfois D. appelle au combat.
Lorsque l'innocence est en danger,
Et dans un pressentiment se met à pleurer
Et n'ose plus prononcer un mot,
Et espère juste que le ciel sera beau.*

Au dixième siècle avant l'ère commune,
La Force qui n'est qu'une
Plaça le symbole du messie de lignée daviddique,
L'exemplaire le plus ancien (?), qui existe, véridique :
Découvert à Sidon,
Près de la terre de Sion,
Et ayant appartenu
À Josuha ben Assayahu.
D'usage alchimique,
L'étoile avait un cœur rythmique
Et ambitieux,

Comme le lion majestueux :
Réunir les contraires : l'eau et le feu
Cet emblême divin
Fut un secret des sabbatéens.
Ils ont d'ailleurs, révélés
Certains concepts kabbalistiques sacrés.
Il permet à Dieu,
De glisser sur ta main ses yeux,
Car depuis le ciel, pas d'autre amour que toi,
Chaque être humain a des lois
Et seul l'Éternel place une étoile dans ton cœur
Pour que tu cherches le bonheur.
J'ai trouvé avec toi, une parcelle infinie
De ce qui fait avancer ma vie,
Jusqu'à ton océan, coloré d'étoiles multicolores
Je suis venue encore ce matin t'apporter des fleurs d'or
Pour que notre horizon soit de plus en plus proche de tes joies,
Ainsi, j'espère que quelquefois tu penses à moi.
Je veux t'apporter tout ce que tu as caché derrière tes yeux,
Ces nuits d'amour et de feu.
Où toutes les étoiles d'un seul coup deviennent bleues.
L'amour vole dans les bras des anges
Et les anges volent dans tes bras,
Un ange pour un ange,
Et des rais de chaleur du soleil privé pour toi et moi.
Et pourquoi ne pas partir

Téléporter notre avenir
Jusqu'à la plus belle étoile du ciel
Celle que notre vie éternelle
Tient dans sa main,
En une poussière de seconde nous serons loin,
Des mirages, et de la haine de certains.*
Je te serre à l'intérieur de mon corps, il y fait chaud et doux,
C'est la plus belle maison que j'ai trouvé pour nous.
Notre lit est une couleur qui n'existe nulle part ailleurs,
C'est mon trésor, que tu peux cueillir avec les fleurs,
Tu ne les choisis pas,
Elles viennent à toi,
C'est la licorne qui descend du ciel de temps en temps,
Qui te les tend,
Et tu aimes, tu cours dans le vent
Pour les cueillir dans l'espace de notre amour
Là, il n'y a ni nuit, ni jour,
Il y a ta lumière, plus forte que toutes les lumières,
Car elle entend toutes ces prières,
Que je prononce tout bas,
Et qui désormais sont gravées en moi,
Pour le temps d'amour que tu m'offriras.
Le mot trahir, je ne le connais pas
Mais quand tu viens vers moi,
C'est moi que je trahis,
Je n'écoute plus que ta vie.

Tous tes gestes, tes secrets sont amour
Tu es beau comme l'éveil du jour,
Au creux de mes deux mains se trouve le chemin,
De la nuit au matin.
Et les lignes de mes paumes deviennent les branches penchées
Sur tous ces baisers,
Auxquels je pense, et qui sont le centre de motricité
De mon âme à chaque fois où elle s'éveille vers toi,
Tu es mon docteur de la Torah.
Et ton étoile parfois rayonne par six,
Peut-être dans une autre vie, ensemble nous aurons un fils
Au moins six jours, de la semaine plus un
Au centre de sa vie, où il deviendra l'homme de son destin …
Tu seras, comme tu l'es déjà un père heureux
Et ce bonheur grandira, par ton regard merveilleux
De douceur, d'intelligence, de patience,
Ton fils a pour moi beaucoup d'importance
Il est le lion de ton cœur,
Et comme toi il apprendra le bonheur.
Dans une mansuétude et un amour infinis,
Toutes les fées se rassemblent autour de lui,
Et il connaît sa patrie :
Le respect de la vie.
Son esprit est une plage réellement immense
Où tu le regardes en permanence,
Comme mon père l'a fait pour moi

Il est toujours là pour moi
Et je me laisse guider par la force de l'amour paternel,
Il m'a élevé dans l'espoir le plus fidèle,
À son génie
Il a pardonné à ma mère sa fuite vers d'autres vies …
C'est la raison pour laquelle j'ai compris
Les langages de l'inconscient,
Et aimer le vent.
Entre nous ni la distance,
Ni le silence
Ne fairont taire tous les chants qui n'ont un sens que pour toi,
Tu es le centre de ma vie.
Tu es tout pour moi,
Je ne suis rien sans toi.
Tu seras pour toujours :" *[…] comme des vergers le long*
D'un fleuve ; [..., où le partage n'est plus une exception]
Dieu les a plantées comme des aloès, [qui parfois sauve des vies]
Comme des cèdres au bord des eaux. La sève ruisselle [magie ?]
De ses branches, et sa graine est abondamment arrosée […]
[Promesse éternelle de félicité]"[ii]
Comme le génie ruisselle de sueur,
Lorsqu'il joue la mélodie de la première lueur.
Le matin se lève et l'homme aussi,
La femme le suit et tient sa main dans une grâce inouïe.
Ensemble il plante des arbres fruitiers,
Des arbres guérisseurs pour toute l'humanité.

Parce qu'ils ont effleuré les eaux
Premières matinées, du seul mot
Qui a sens : Amour.
Et les enfants grandissent toujours,
Dans la confiance d'une intelligence douce
Où leurs soleils poussent,
Vers la dimension spatiale de la vie,
Dans son infini.
Finalement, c'est l'Homme qui gouvernera le monde
À l'écoute du créateur de la première ronde,
Des étoiles autour de la terre.
Qui protègent la justice de l'univers.*

On parle de la plus originelle étoile du monde dans le Talmud,
De Babylone, et la tour de Babel
Migdad Babel, avec des paroles du nord et du sud,
Communes, puis confondues dans le pays de Sennaar.
Une tour qui atteignit le ciel
Sous la domination du regard
De celui qui a façonné terre et ciel.
Mais l'étoile continuait à guider,
Ceux qui savaient parler
À mis mots
Sans trahir leurs propos.
Un langage polysémique, qui s'adressait
Sans pouvoir cacher la vérité

À son frère, comme à son créateur,
Dieu gouverne le bas comme les hauteurs.
Il écoute ses créatures parler
Et découvre leur souffle, le degré
De proximité,
Qu'ils entretiennent entre eux ;
Leurs paroles pénètrent comme un monument spatieux,
Où ils découvrent un moment très heureux
Et avec lui,
Et lorsque deux êtres s'aiment d'un amour infini,
Le cœur du monde se remplit de fleurs,
Qui forment les cils de l'œil intérieur,
Du ventre, de l'esprit du sol que l'Homme parcourt,
Sans savoir que ce qu'il cherche c'est toujours l'amour …
Veux-tu bien recevoir l'incroyable amour que j'ai pour toi ?
Je ne t'impose aucune loi,
Je n'en n'ai pas le droit, j'ai le droit de t'aimer
Et c'est déjà tellement …
Cela suffit à remplir l'éternité.
Je suis nue entre tes mains, pour très très longtemps
Et j'espère que cela te rend content.
Être aimée par toi est une bénédiction, une providence
J'aime ta force, ta discrète évidence
D'accepter de me donner et de recevoir tout le charnel,
Qui rejoint quelquefois le ciel.
Il y a des amours si beaux qu'ils peuvent exister,

Comme une unique réalité.
Tu es ma totalité.
Et nous pourrons parler longtemps ensemble du bonheur
La quête éternelle de l'Homme qui attend sa fleur …
Je veux être ton éternité fleurie.
Puisqu'elle est le premier lien qui nous a unis
À une époque où simple était la vie,
Lorsque je ne savais pas,
Qu'on pouvait haïr un être pour le sang, qu'il a.
Mais je sais une chose : je t'ai offert mon cœur
Avec ses rêves d'amour et de fleurs.
Et tu sembles les avoir acceptés
Pour l'éternité,
Que D. nous a légué :
Son geste nous conduit au rivage,
Du courage.
Pour assumer notre protection avec l'étoile de tes yeux
Oui ton regard alimente le feu,
Sacré,
Aimé,
Caché
Je suis ta vérité
Tu entends mes pas,
J'écoute ta voix,
Et je suis heureuse de toi.
Tu m'apportes autant de joie,

Que j'en ressens de toi,
Je veux te donner tout ce dont tu as besoin,
Serrer tes mains,
Sur mon cœur
Je prie pour garder dans tout mon être, cette candeur
Ce que mon père m'a donné,
Quand il me faisait rire en inventant des rêves de félicité
Pour tous les jours de la vie.
Il a réussi,
Puisqu'aujourd'hui,
Tu es là,
Et je t'aimerai encore une nouvelle fois.
Jusqu'à ce que D. pose sur toi et moi,
Les bénédictions pour notre amour chaque jour un peu plus fort,
Tu es dans mon cœur et le jour et la nuit
Tu es mon arbre, je suis ton fruit
Apprends-moi à espérer encore,
À rêver, et à vivre dans une cabane en bois,
Au pays où l'amour est roi.
Je veux être la femme qui saura vivre dans ta douceur,
Oublier le temps, qui jamais ne flétrira nos cœurs.
Pour vieillir ensemble, au bord de nos bouches
Qui se parlent et se touchent
Ainsi que le destin des océans l'a voulu : comme un printemps
Qui revient s'asseoir pour réchauffer le vent
Près de nous,

Et dessiner notre amour fou,
Un amour calme, tranquille
Que nous vivrons ensemble, soudés, pour les moments difficiles.
La prière de l'homme, complète celle de la femme,
Et tous deux regardent la même petite flamme,
Que Dieu pose ici et là
Pour nous dire qu'il est là,
Et qui a créé l'horizon pour entourer nos bras
Puisqu'il a bien compris ton message,
Car tous les soirs tu parles avec les sages,
Puisque, maintenant ta vie a un nouveau sens,
Comprendre celle qui te parle de l'essence,
Des fleurs, de la lumière
Et qui prit dans une prière
Qui s'appelle : poème,
Qui te dit tout le temps : je t'aime.
Avec le cœur bleu,
Comme l'océan lorsqu'il sera vieux.
Là où nous aurons mêlés nos yeux,
Pour l'amour et la liberté,
C'est là tout ce que je peux te donner,
Pourtant, j'ai le pressentiment qu'on peut aller plus loin encore
Vers le chemin du tabernacle d'or,
Qui contient la mystérieuse prière et son arche.
Dieu me laissera-t'il accompagner ta marche,
Pour la cacher dans le cœur de la licorne bleue.

Même si personne ne sait ce qu'elle veut ...
Pourtant parfois dans le ciel,
Je l'entends qui m'appelle.
Parce qu'elle croit que je peux être éternelle. *

Ensemble, dans le ciel, nous voyons toutes les étoiles,
Elles existent pour protéger le monde du mal,
La principale a six points
De deux triangles l'un dans l'un :
Qui d'après la pensée
De Josué
Sont les douze tribus unifiées sous la royauté du deuxième roi,
La tribu royale de Yehouda.
Ce rabbin a vécu, il y a au moins huit cent ans,
Le second temple fut détruit,et il vécut encore cinquante deux ans
Érudit,dans les Lettres, mais aussi
... dans la médecine et la poésie
Se lie d'amitié avec le poète Moïse ibn Ezra.
Le "Livredu Khazar", lui revient de droit.
Et écrivit le poème : le kouzari.
Qui exerce une grande influence sur la théologie.
Il a été initié par un ange Bulan, roi
Qui lui a appris,
Que le monothéïsme était trois ...
Puis il prit de nouveau son bâton,
Vers la terre aux remparts de lion,

Là dans ce pays où l'esprit de Dieu reste présent
Et dit je t'aime à son peuple, en pensant.
Autour d'un palmier, où deux lions sont assis de profil
Qui ne sont jamais en exil.
Ils veillent sur l'arbre où se pose la colombe
Qui dans le ciel arrête les bombes,
Et regarde l'homme chercher l'espace
Pour comprendre d'où vient le vent.
Et sa solitude face au temps,
Qui aime pour un instant, l'instant.
Je cherche un endroit, où les anges nous embrassent,
Pour nous aimer en liberté,
Je cherche à te délivrer pour l'éternité
Et te voir contempler la puissance des mots
Que chaque homme tient dans son espoir au chaud
Liberty, freedom,
Pour tous les hommes !
Le vent de la liberté
Plane dans toutes les contrées du monde entier.
Souffle depuis le ciel,
Mais personne, même avec une échelle
N'a pu comprendre à quoi sert le vent,
Si ce n'est te parler de la joie des enfants
Quand il fait voler autour d'eux des papillons,
Pour les faire renaître et découvrir toutes les chansons
Qui leur donneront la Force,

Celle qui fait suinter d'amour, l'écorce,
Des arbres, vestiges de l'intemporalité,
Où j'ai vu tes yeux briller,
Où j'ai senti encore et encore mon cœur s'envoler,
Ce sont ces envols de vie
Qui leur sera enseignée durant les nuits,
Et répéter à l'infini,
Juqu'aux plus beaux jours de leurs vies.
Quand ils s'endorment au chaud dans les bras de l'amour,
Puis, plus tard quand ils cherchent durant des jours et des jours,
L'étoile de leur vie.
Qu'ils appellent amour infini.
Pour le prolongement de toutes leurs vies.
Il y a autant d'infini,
Qu'il y a de vies
La question qui se pose alors :
Fais-tu comme André Breton : chercher, parmi le temps, l'or ?
Est dans quelle direction va l'infini ?
Si tu viens vers moi,
En même temps que je vais vers toi,
Nous atteindrons le même point
Et main dans la main
Nous serons sur le chemin
D'un bout d'infini dans le temps
Qui n'influe que sur le vivant.
Nous nous rencontrerons

Et nous ne nous quitterons jamais,
Je suis faite exactement pour t'aimer :
Car j'ai entendu ton appel, dans ton songe indéterminé,
Pour te rêver,
Te chanter des chansons.
Te raconter les matins d'horizon.
Calmer tes colères,
Toujours te donner ma lumière
Et te laisser voir celle du jour
Où à chaque instant tu apprendras à respecter l'amour,
Dont je t'aurais parlé
Toute la journée
À ton inconscient
Même si je n'ai pas la force du vent.
Puisque je ne sais pas pourquoi,
J'aime toute ta puissance, ta fragilité.
Lorsque tu penses à notre destinée.
Vivre avec toi,
C'est avoir compris quelques distinctions de l'Éternel
Entre l'indispensable et le réel.
Précisément percevoir le triangle dont la base du bas
Est l'aspiration de Dieu.
Je sens en moi
Un très doux feu
Autour duquel les fées dansent et chantent
Contentes,

D'avoir trouvé une maison pleine d'étoiles venues d'ailleurs.
Serait-ce nos parents, qui pour notre plus grand bonheur
Nous ont éduqué doucement, sans cris,
Et ouvert le chemin de cette vie,
Qui ne demande qu'à éclabousser les murs des prisons
Sans poser de questions.
Pour rappeller aux détenus les couleurs de l'arc-en-ciel,
Poser devant leurs cellules un panier plein de fleurs belles,
Et rendre à leurs âmes, l'innocence qui s'est égarée,
Dont ils n'ont pas voulu forcément se séparer,
Mais qu'ils ont posé sur le trottoir,
Un certain soir de désespoir,
Messieurs les juges, les avocats,
Ne retirez pas les droits,
À la vie, à l'amour, au plaisir
Laissez-les croire en leur avenir,
Et retrouvez le désir.
Lorsque leurs interlocuteurs,
Sont les étoiles qui accrochent des couleurs
À travers les barreaux,
Parfois ils lancent des mots
Dans "le monde de la liberté",
Qu'ils retrouveront après,
Au moment de leur libération
Et ils oublieront
Dès qu'ils auront croisé un très joli sourire,

La vie reprend ses droits, et choisit toujours de revenir
Parce que les fleurs appellent sans cesse, la chaleur, la vie,
Il existe même des fleurs d'hiver qui sous le regard
De l'espoir
Anéantissent le nationalisme nazi
Les Edelweiss sont purs pour tous les pays
Et leurs peuples, puisqu'il existe encore des frontières.
Il existe un pays au monde qui comporte cinquante états
Libre et fort, qui veut que la liberté soit toujours là :
Les Américains sont pour la plupart des partisans de la justice
Ils aiment le monde entier comme leur fils.
Leur hymne national, leur "prière" :
In God we trust, se singularise par la diversité ethnique
Et le choix méthodique,
De ses partisans pour la Liberté
Liberté de penser !
Et pour l'homme et la femme d'aimer
Sans être jugés
Pour leurs différents penchants,
Les grecs avaient les mêmes sentiments,
Homme ou Femme, qu'importe, l'essentiel est leur éthique
Du philosophe au poète : la pensée n'est pas unique ;
Et c'est magnifique.
Les pensées viennent du monde du ciel,
Elles discutent entre elles
Et deviennent des ouvrages,

Qui parfois procurent un immense courage.
Merci aux écrivains,
Merci aux lecteurs.
Un livre est une étoile, les lignes sont ses rayons
Disponible à toute heure.*

Les grecs Hipparque et Ptolémée
Ont déterminé la position
D'environ
Mille étoiles brillantes
En hiver comme en été
Et sur les rives de Lesbos, les poètes,
Les entendent qui chantent :
Ces symphonies aux significations parfois cachées, discrètes
La beauté créée sécrète
L'envie de transmettre aux futures générations,
Des envies, des passions.
Et de continuer à chercher
Des réponses à l'étrangeté :
Ainsi Aristarque de Sanos est le premier
À avoir proposé le modèle héliocentrique de l'univers.
Tu es mon soleil, je suis ta terre.
Tu traverses les nuages et tu m'éclaires
Je découvre chaque jour de nouveaux mystères,
Par le rêve, toi et l'encyclopédie ouverte à tous !
La dignité est la science la plus douce

Elle est source de joie,
Quand tu me tends les bras,
En souriant.
Mon amour
A besoin de ton amour,
Et s'il y a une distance de la terre à la lune,
Aristophane n'évaluera jamais
Ta présence diurne, nocturne, une
De notre définitive unité
Et de notre amour pour cette humanité
Qui existe depuis que le vent était la compagnie de la divinité.
Je te regarde voler,
Sur les routes et je réalise que tu fais partie
De ma vie
Par la volonté des étoiles qui sont tes amies
Comme moi, j'ai pour amie la poésie
Qui cherche à connaître tous les prix nobels,
Pour que le monde se rappelle
Toujours
De la victoire de la pensée, lorsqu'elle se fait amour.
Je te donne mon espoir
Dans une étreinte, où l'on respectera notre territoire
D'intimité
Et d'identités
Nous apprendrons à partager nos secrets,
Sous l'étoile du berger.

Tu es mon bouclier,
Et je veux être ta fleur préférée
Parce que j'aime être embrassée
Par toi.
Et tu recommenceras
Parce que toi et moi,
Nous vivons pour nous aimer.
Il n'y a que toi pour me rencontrer,
Je suis quelque part dans ton palais
Dans la pièce de l'étoile de l'amour,
C'est Dieu qui la créée pour toi un jour
Ensemble nous pouvons le remercier,
Notre amour cherchera toujours l'éternité.*

Tu contiens tout l'amour du monde en toi
Tu m'apprendras toute l'immensité du bout des doigts
Alors même que je serai couchée dans tes bras
Tu me parleras de l'étoile qui t'a vu naître,
Pour que je puisse la reconnaître,
Si un jour, je me promène dans l'espace sans toi,
Mais tu ne seras pas bien loin, tu me regarderas,
J'aime sentir tes yeux sur moi
Car à travers eux je vois, je sens ton cœur qui vient à moi.
Ton cœur est un chef d'œuvre de gentillesse,
Je l'entoure de mes fleurs, venues d'un jardin de tendresse.
Tu me diras celles que tu veux que je porte dans mes cheveux

Le jour où nous brillerons à deux
Devant un homme qui veut nous unir.
Il connaît ce passé, il jalonne notre avenir
J'étais si seule avant toi
Et je t'attendais déjà,
Tu voulais juste comprendre pourquoi j'aime autant l'océan …
Je laisse mes ailes pousser dans le vent
Pour jouer avec tous les enfants,
C'est étrange les enfants sourient :
C'est l'euphorie,
Devant ma poésie.
Et j'espère bien qu'elle allumera des étoiles dans leurs songes.
Et qu'ils ne souffriront pas du mensonge.
Dans leurs rêves, les étoiles galoperont portées par des chevaux
Et tous les matins, ils atteindront un monde de plus en plus beau.
Leur conscience s'enrichira
Ils chanteront l'esprit plein de joie
Et le monde leur appartiendra
Ils galoperont aux chemins dans un brouillard de roses nouvelles
L'espoir deviendra leur essentiel
Messieurs les professeurs, vous êtes responsables de leurs visions,
Petits anges, aux cheveux bruns ou blonds.
Les enfants ne sont pas faits pour devenir des soldats,
Ils sont faits pour vivre, dans la paix et la joie.
Les enfants sont unis par la même puissance :
L'école doit être une chance,

Et non une prison
Apprendre à respecter toutes les maisons,
Et penser merci, lorsqu'on leur parle d'avenir,
Et voir leur conscience s'épanouir en rires
Plein d'espoir, les mains tendues,
Vers des inconnus :
Face aux combats, il y a la providence
Puis la délivrance …
Ils ont tellement de splendeurs à découvrir,
Parfois, ils viennent de très loin
Ils ont leur culture à proposer, et ils peuvent le faire avec soin.
Pour chanter ensemble un très bel avenir :
Où l'échange sera d'abord rire et sourire.
Faire naître en eux la passion
Qui leur correspond,
Leur offrir tous les jours le choix
De parler de ces endroits là, …
Les yeux mouillés
Entre guerre et paix.
De raconter où volent les étoiles dans leurs pays
Et de revivre l'océan au vent uni.
Et de ce magma de connaissance,
Faire jaillir la tolérance,
La curiosité,
Comprendre ce grand mystère que l'on appelle vérité.
Sans parler d'intelligence.

Les étoiles ont besoin que l'on parle d'elles
Car elles sont si belles, si fidèles,
Elles peuvent donner beaucoup de leur réel
Et c'est pour cela qu'il faut apprendre à les écouter
Ératosthène est célèbre pour être le premier
Qui chercha à mesurer la circonférence de notre terre
Quarante mille soixante quinze kilomètres,
De fleurs, de forêts, pour qui promettre
Des océans secrets
Comme des remparts vers la virginité,
Pour l'aimer toute entière,
Mais vous pouvez faire tous les voyages,
Elle sera plus qu'une découverte : un apprentissage,
Devant tant de beautés,
Naît le réflex de la protéger.
Protéger la terre qui embrase la nuit
Dans un soleil de minuit.
Au cœur d'un espace infini,
Que ton intelligence aura remplie d'un amour
Puisque tu recherches dans tout l'espace, le dernier jour
À rallonger dans la lumière,
Qui est ta force première :
Tu me regardes et je ne peux cacher l'arc-en-ciel de mon amour
Je veux partager tous mes jours,
De vie avec un être qui aime si fort l'humanité
Qui se remet en cause, lorsqu'il voit un être pleurer.

Si je suis en face de toi,
Arriverais-je à cacher ma douleur
Ou mon bonheur
Pour que tes larmes ne coulent pas.
Je veux dessiner sur ton visage tous tes sourires
J'ai besoin de toi, pour aimer ton avenir.
Et peindre, dessiner, chanter l'énergie
De ta vie, superposée à ma vie,
Qu'avec toi, dans la joie je construis.
Fantastique de notre prochaine demeure
Nous ne compterons plus le temps en heure,
Mais en instants où nous attendrons les arbres fleurir.
Dès le matin, entendre ton rire,
Comme on entend ses plus beaux souvenirs :
Toi,
Toujours toi
Tu es devenue la force de mon âme,
Tu aimes et respectes la femme.
Je te sens, et te vouloir près de moi
Est un droit,
Qui s'appelle : amour.
Dans la lumière du jour,
Dans le secret de la nuit
Nous avons les mêmes envies
S'aimer de saisons en saisons
Et espérer pouvoir répondre à tes questions.

Personne ne volera nos origines
De la déesse nature, ou de notre origine divine,
J'aime ton langage,
Et j'ai besoin de voir ton visage,
Je t'attendrai cachée derrière les nuages,
Dans la rivière du soleil
Là où se trouve quelquefois les plus grandes merveilles :
L'amour que tu peux porter avec tant de sensibilités
À une femme
Et je te propose de partager mon âme
Dans une vie pleines de fleurs et d'oiseaux en liberté
Si tu les regardes bien ils te parleront peut-être de ce secret :
La liberté, un fragment de la force ancestrale,
La plus belle étoile …
Quand la force est née,
Elles étaient là les fées.
Alors elles ont suggéré
La lumière et l'amour, pour ne plus jamais avoir peur,
Il y a des êtres qui t'emmènent au pays du bonheur.
Allons-y ensemble, car tu es fort
Et toutes les étoiles t'adorent,
Parce que tu chantes le matin,
Et que le printemps revient,
Pour chanter avec toi.
Des chants d'harmonie,
De joie et de douce magie,

À chaque fois que tu es heureux,
Les rivières sacrées coulent dans tes yeux.
Les étoiles de la force se penchent vers toi,
Puis reviennent jusqu'à moi.
Et je danse pour toi, tu allumes les zones obscures,
Pour que notre vie soit une clarté pure ;
Alors je pourrai parler aux chevaux du ciel,
Et leur demander de suivre la licorne éternelle,
Pour que la force refuse à tout jamais,
L'obscurité.
Alors la licorne bleue sera en paix, dans le monde du ciel
Je t'aimerai dans une couleur supplémentaire,
Et le soleil ne sera plus jamais solitaire
Et nous irons ensemble voyager
Par la pensée.
Tu es le seul homme avec qui j'ai envie de faire l'amour,
Et je te le redirai jour après jour,
De notre vie.
Quelque fois on apprend le paradis,
Dans un rayon de soleil, un regard,
Pour toi, ma vie ne sera jamais trop tard.
Elle ne l'a jamais été
Je t'ai toujours aimé,
Tu m'as donné le goût de l'existence.
Et moi, comme toi avons fini notre errance.
L'illusion d'une nationalité,

Lorsque l'on est habitant du monde entier.*

Nous sommes comme deux particules en interaction
J'irai t'espérer, dans tout l'univers, son plus profond.
Tu m'as présenté ton étoile, comme on invite à danser,
Ton sourire et la musique sont deux unités liées,
Tu m'emmènes sur un soleil que mon corps a toujours porté.
Tu as fait de moi, l'espace d'une fée :
L'immensité de la lumière
Et tous les éclairs,
Sont le cœur de notre univers.
Beaucoup nous ont cherché dans l'espace …
Pour coucher des fleurs sur nos traces.
Là où tu me caresses,
Là où je t'offre l'ensemble de ma tendresse.
Nos âmes sont deux astres qui s'unissent dans le bleu.
Galilée, (au XVIème siècle) fut le premier
À vouloir comprendre l'ensemble des cieux,
L'inquisition l'a condamné
C'est le pape jean-Paul II, qui révisera la condamnation
Et personne n'a osé contesté son opinion.
Mais nous personne ne nous jugera,
Face à moi, il n'y a que toi.
Nous sommes à la récréation des étoiles
Sur un podium, où D. a créé le bal,
De notre passion.

Tu es un homme, tu n'es plus un garçon,
Et moi, une femme qui veut éloigner le temps de notre horizon,
Ton visage est si beau,
Ton corps,
Est si fort,
Il n'existe pas un seul mot,
Qui contient la puissance encerclée dans ton prénom :
Le nom du roi, berger, pacifique pour la terre de Sion,
Tu veilles sur les hauteurs des montagnes,
Comme les deux lions qui t'accompagnent
Pour que l'arche soit et sur terre et dans notre ciel.
Là où les fleurs deviennent de plus en plus belles
Pour aider les philosophes et les amoureux à ouvrir leurs ailes.
Isaac Newton développa la loi universelle de la gravitation
Je tourne autour de toi,
En acceptant cette loi
Car je suis soumise à l'attraction
De ta puissance, que tu exprimes en chansons,
Et que D. accompagne de ses violons.
Dans le monde céleste, il y a les anges, les chérubins,
Qui promènent leurs mains
Sur tes mains,
Tu es un être divin.
Tu es protecteur comme un chérubin
Tu gardes l'arbre de vie avec des glaives tournoyants,
Tes yeux sont remplis d'un amour ardent,

Et plus puissants que les anges, et leur chœur
Pour le monde céleste, tu es un pur bonheur,
Dieu qui voit notre amour
Grandir jour après jour
Nous protège comme sa terre :
Il a entendu nos prières ,
Notre nécessité commune de s'aimer,
Au-delà de toute autorité.
Nous avons rendez-vous
Dans le monde le plus doux :
"C'est là que je te donnerai rendez-vous ;
C'est de dessus le propitiatoire,
[Que sera gravée notre histoire]
Entre les deux chérubins placés
[Par des mains sacrées]
Sur l'arche du Statut,
Que je te communiquerai [d'une voix grave et nue]
Tous mes ordres […] "[iii]
Et ce commandement,
Ce commencement
Des archanges, du grec arké
Me laisseront le droit de t'admirer.
Ta naissance
Est bénie par les séraphins,
Les chérubins,
Les puissances.

Pour toi, je range mes désordres,
Et j'empêcherai tous les loups de te mordre.
Tu es un ange à mon avis,
Je suis née dans ta vie,
Il nous reste tout l'amour à comprendre
Tu es si fort et en même temps si tendre
Je rêve de t'entendre,
Me parler dans la nuit,
Ta voix est si douce, elle vient du paradis.
Je rêve de t'offrir l'oubli,
Pour te laisser rire, sans savoir pourquoi,
C'est Dieu, qui m'a conduit vers toi.
Il te transmet des messages en silence et à la vitesse des océans.
Lorsque je pense à toi, je suis libre comme le vent
C'est l'amour des étoiles qui apporte la liberté
Je voyage vers toi, depuis l'éternité
Et ensemble nous avons capté,
La même envie
Infinie,
D'éclairer à notre tour,
Par la simple force de notre amour,
Les étoiles lorsqu'elles veulent partir,
Même si un jour elles doivent revenir,
Car tout ce qui existe ne disparaît jamais
Dieu est anti final, la vie est sa seule volonté.
Acceptes-tu de contrôler, sans ordonner ?

De tracer dans le ciel, le chemin de la joie et de la paix.
De chanter, de danser et de rire chaque jour
Et de protéger l'amour.
D'insuffler à l'ennemi des mirages,
Dans lesquels il oubliera sa rage,
Et sous un soleil d'or,
Choisir comme toi d'unir tous les efforts.
Prends ma main, je te tends des fleurs qui te parlent d'harmonie
La vie n'a pas perdu son paradis.
Elle a gagné le plus grand espoir du ciel,
La venue d'un messie :
L'onction des rois Saül, puis du roi David,
Par le prophète Samuel.
Tous les fils de David,
Sont potentiellement capables de sauver l'univers,
Lorsque certains se penchent sur l'Apocalypse,
Ils s'uniront et formeront barrière
Avec de l'amour et des prières,
Devant l'étoile de la mort, le jour de la grande éclipse.
Ils seront tous là, les serviteurs de Dieu
Ils chanteront pour se sentir victorieux :
Les séraphins,
Les chérubins,
Les anges,
Les archanges
Et leurs chants,

Leurs chevaux blancs,
Les étoiles de la lumière
(La toute première)
Recommenceront le monde, dans un nouveau livre
Où les saints, les prophètes, les patriarches iront encore vivre.
Et Dieu chantera, notre victoire,
Sur les trous noirs
Dans la lumière, nous continuerons,
Et nous aurons appris beaucoup de chansons.

La licorne bleue et la voie lactée

La licorne, qui de l'univers connaît tous les secrets
A bien compris que les chemins qui semblent cachés,
Ne sont que des lieux où les fées,
Se réunissent pour chanter.
Elle sait que la planète Terre,
Est la bénédiction incarnée
De l'amour et de la lumière.
Et Dieu n'est pas le seul à le vouloir
Comme nous, il veut, ce qu'il sent
Là est la première gloire
La synchronie de pensées entre l'Homme et son premier parent.
L'Éternel connaît la femme, l'homme et leurs désirs.
D. a créé l'amour pour l'empêcher de mourir.
Il sait à quel point je vis dans la maison d'amour
Tu es le seul à avoir les clefs de notre histoire d'amour,
Je mets des mots sur ton inconscient,
Et tu les accouches dans le monde conscient,
En ce qui concerne notre destinée,
Tu es plus doux que la licorne et ses secrets.
Je ne comprendrai jamais pourquoi tu m'aimes consciemment
Et inconsciemment.
Je laisse la voie lactée,
Entrer dans ton espace privé,
Et lorsque j'ai envie de t'embrasser
Je me tais,

Parce que c'est trop fort,
Et que dire encore,
Veut dire toujours.
Notre Terre est un condensé d'amour.*

La galaxie spirale,
Comprend deux cent à quatre cent milliards d'étoiles
Et au minimum cent milliards de planètes
La Terre est la plus complète,
De par sa nature et ses habitants
L'être humain comprend,
Quelques signaux
Appelés communément des mots.
Et inventent des phonèmes
Pour toutes les galaxies,
Pour tous ceux qui en silence, chantent la nuit.
Qui disent : Bienvenue, je t'aime.
La Terre a toujours été
Et a su rester,
Le chef d'œuvre de l'univers,
Qui nous porte l'amour dans ses éclairs
Le matin sur l'océan,
Le soir dans le vent :
L'endroit où la vie se multiplie,
Sous toutes ses formes, partout
Ma vie s'est multipliée avec ta vie,

Près d'une fleur aux parfums très doux.
Le jour où j'ai ouvert mes yeux,
J'ai senti le sens du mot heureux :
Tu es né avec les visions d'une femme dans ton cœur,
Dès lors, tu m'as cherchée dans toute la galaxie,
Jusqu'à ce que j'ouvre la grande porte de la vie
La première beauté que je n'ai jamais oubliée : les fleurs,
Puis un océan de bonheur,
Dans les yeux de mes parents
Qui m'ont conçu dans un printemps
Il fut ce temps exceptionnel,
Où l'amour était posé sur une stèle,
Au centre de la voie lactée,
Mon âme l'a immédiatement ingérée,
Au centre de mon espoir.
J'ai écarté de ton cœur l'obscurité la plus noire,
J'ai embrassé tes yeux, j'ai pleuré devant ton sourire
J'ai chanté en silence, la première fois que je t'ai vu :
Toi, tu as tout de suite su,
Et tu as glissé dans ton magnifique rire,
Où s'envolent mes chevaux blancs,
De galaxies en galaxies,
J'ai vu mes voyages inconscients,
J'ai toujours cherché à atteindre le ciel
Pour comprendre, le sens de notre future vie
Et rendre notre joie, notre amour éternel.

Je ne savais pas que cela existait,
Et pourtant c'est la vérité,
Une intelligence qui compte ses fleurs dans ma gentillesse,
Notre galaxie, baigne dans un lit de tendresse,
Depuis l'origine, l'oiseau de la Force, veille constamment
Sur les deux champs :
Celui des fleurs, de la paix, de la pensée
Et celui qui n'appartient pas aux humains.
L'oiseau voyage de la terre au divin.
Tant que nous serons soudés
Le soleil pourra briller avec la plus grande clarté
Et remplir la galaxie,
D'énergie.
Ta beauté, ton amour pour toutes ces vies,
Interpellent à une solidarité inter planétaire,
Je porterai la lumière,
Et je fermerai l'accès au monde à Lucifer,
Qui errera parmi la poussière,
Totalement impuissant devant notre amour
Un amour simple et doux,
Qui ne sera qu'à nous.
Et conjuguera les déclinaisons de nos jours,
Et qui existe depuis aussi longtemps
Et même avant,
Toutes ces étoiles
Apparues il y a cent trente six milliards

D'années.
Tu es l'entité,
Exacte, parfaite
Qui complète,
Mon soleil.
Mon cœur est chaud, il est amoureux de ta merveille,
Ta force et ton courage pour continuer à agrandir l'espace
Tu es le chevalier de l'expansion de l'univers,
Et pour que personne ne t'emprisonne dans un terrible hiver,
J'efface les traces
De ton passage,
Pour que tu continues tes voyages.
J'attends tout et rien de toi,
Je ne suis qu'une fleur, un premier jardin
Qui rêve de t'aimer dans l'au-delà,
Et bien sûr chaque matin.
La nuit est une planète qui entre en interférence avec la Terre
C'est pourquoi quelques heures, est cachée la lumière.
À ces heures-ci, D. modifie
La structure des galaxies,
Pour que l'amour, s'accorde avec la liberté spatiale,
La mort de l'étoile fatale,
Pour que notre évolution cherche à comprendre,
Tout ce qui signifie amour.
Euphémisme de la substance de tes jours.
J'ai des mains tendres

Puisque chaque soir, tu viens les embrasser,
Et mes mains enveloppent ton cœur dans mon esprit étoilé
Et ces baisers nous protègent jusqu'au jour.
Tu cherches une éventuelle expansion de l'univers,
Pour ne jamais perdre la Terre,
Car sur cette planète, je te donne un amour intemporel,
Mais tu existes tellement,
Qu'à n'importe quel endroit je sens tes rayonnements
Je reçois cet amour, dans un moment permanent.
Aussi long qu'est le jour,
Je danse pour tes futurs rêves d'amour.
Surprends-moi par la beauté de ce chant,
Qui donne sa tendresse aux vents,
Je t'aime pour toutes ces voies lactées infinies
Où l'univers jouit,
Parce qu'il grandit,
Dans une galaxie,
Au centre de laquelle se trouve un bulbe, une poussée souveraine
Qui nous emmène,
Dans la mémoire d'une petite fleur,
Qui est couleur et odeur
Et qui existe sans savoir pourquoi,
Probablement pour toi.
Elle se penche le soir,
Pour boire,
Et parfumer toutes tes nuits d'espoir.

Le mystère d'un parfum,
Le désir soudain,
De n'aimer que toi,
Pour la gloire de te rendre heureux,
Et de rassembler tes rêves dans un bouquet silencieux.
Je ne veux pas d'argent,
Pas de diamant,
Je veux juste tes bras,
Et surtout savoir que tout va bien pour toi.
Je t'aime depuis tellement de rêves, de nuits,
Tu m'as offert la vie,
Et chacun de nos jours est un exploit,
D'amour et de joie.
Sans toi,
L'univers entier serait vide,
Je ne connais pas de personne plus lucide,
Voir extra-lucide,
Et si ton cœur tremble, sache que le mien aussi,
Parmi toutes ces galaxies,
Il y a forcément de la place pour nos vies
Et celles de nos amis.
Qui vivront heureux
Plein du respect le plus harmonieux.
Donné et reçu
Pleines de paroles sues,
Pour soigner,

Et aimer
Et je passerai ma vie à les remercier.
Écouter et parler,
Puis revenir,
Toujours promettre de revenir
Avec le sourire.
Les mains serrées dans les tiennes
Et lutter contre la haine
Par la Force de l'esprit
Une pensée qui défie les guerres,
La misère.
Je suis amoureuse de ma Terre.
Parce que depuis toi, j'ai de nouveau envie,
De parcourir tes espaces, qui brillent de vie,
Tu es exactement l'homme que l'on rencontre pour toujours,
Je sens que je suis la femme qui t'aime par amour.
Ensemble nous dessinerons le drapeau de la paix
Ancré au sommet de la Terre,
Visible depuis tout l'univers,
Tous ensemble nous allons gagner !
C'est écrit dans la constellation de la licorne mystérieuse.
Je l'ai reçue dans mon âme, c'est un honneur
Une vague qui revient toutes les heures.
Mais c'est inutile de chercher cette fusion miraculeuse,
Pourquoi moi ?
Peut-être, pour savoir comment veiller sur toi.

Mes cheveux,
Sont des yeux,
Qui lorsqu'ils volent dans le vent
Rendent mon cœur transparent.
Allument des clartés qui te guident droit vers ce que tu cherches
Mais, je sais : c'est un secret.
Vincent Van Gogh avait des doigts comme des perches,[3] *

La Terre n'est plus esseulée.
Il voyageait parmi les étoiles, et percevait toutes leurs nuances
Il a créé des chefs-d'œuvres de grande importance
Parce qu'ils donnent de la lumière, en une simple vision
Et, il existe d'autres génies sans nom
Qui n'atteindront la postérité que dans l'existence
Il existe sûrement des silences
Autour de nombreux endroits,
Que l'on découvrira.
Surpris,
En un instant rajeunis :
Source de fascination,
Pour la création.
Devant laquelle le plus beau discours
Est de bien la protéger avec plein d'amour.
Ensemble, nous traverserons le temps

---

[3] Vincent Van Gogh, *La nuit étoilée*, 73,7x92,1, huile sur bois, Museum of Modern Art New York

Même le moindre dessin d'un enfant,
Sera une œuvre dans le futur.
Les enfants sont si proches de par leur nature,
De la puissance céleste,
Qui reste,
Une promesse d'optimisme
Le plus beau prisme
Pour le monde que nous leur léguerons,
La licorne et les fées y veilleront.*

Ton cœur est plus grand que la galaxie,
Tes yeux sont plus beaux que toutes les vies réunies,
Et si je te demandais de m'y rejoindre,
Devant tes pas j'irai peindre
Tout ce que tes rêves ont pour mémoire,
Cette douceur, chaque soir
De tes moments d'espoir si souriants,
Mais, crois-moi, ton futur sera encore plus transcendant,
Le tableau de ma vie,
Est un soleil qui ne cesse de faire l'amour avec la mer
Un cheval libre, au collier duquel sont toutes les fleurs cueillies
Je veux que tu entendes le bruit du firmament qui éclaire
Le son de la mer,
Le chant de tout cet amour que j'espère
Pouvoir t'offrir, parmi les premiers mots
Des oiseaux,

Le mot que tu attends …
Est celui où tu as pris le vent
Entre tes mains, pour le projeter dans l'espace
Dans mon infini qui te serre et t'embrasse.
Ce vent est doux,
Il aime notre amour fou,
Il aime quand je rêve de toi
L'espace où je veux vivre est celui de tes bras.
Tu es là et tu es là-bas,
Mais finalement tu es toujours avec moi,
Puisque tu m'offres tous les jours un univers
Je te promets de protéger la Terre
De danser sur les éclairs,
De chanter dans tes yeux
D'élever chacun de tes vœux,
Dans un ciel de plus en plus clair
Obéissant à ta lumière,
Pour goûter avec moi les rayons du soleil de notre voie lactée
Et s'aimer encore et toujours émerveillés
Parfois nous vivrons dans un nuage interstellaire local,
Et tu me feras voir toutes les étoiles,
Rien qu'en prononçant le son,
De ton prénom.
Nous sommes quelques uns à savoir combien tu es aimé,
Daoud, Yadad, enfant chéri de l'éternité,
Ta puissance est illimitée

Et le monde, les galaxies ne cesseront de te sourire,
Le visage bienveillant, qui émet des ondes
D'amour, parce que tu regardes le monde,
Ces ondes qui viennent de toi,
Passent à travers moi,
Et me font vivre tes empires.
Tu me rends chaque jour, plus heureuse, et je te lance un rire
Puisque tu sais mes désirs.
Ensemble, nous danserons,
Dans les bras d'Orion
Et je t'offrirai de l'eau fraîche, aux vertus
Qui te permettront de voire les âmes nues
Viens dans ma galaxie,
Respirer les arômes du paradis
La grenade, aux grains rouges, pour l'abondance,
De la satisfaction de ce que tu veux et ce que tu voudras
Tu peux me demander encore une fois,
De parler pour toi, à Fortuna, la chance
Hésiode (?), poète grec ira versifier
Auprès de Tyché.
Telle une planère ayant supposer exister
L'esprit d'Hésiode savait voyager.
L'auteur de *La théogonie, Le bouclier d'Héracles*,
Il représente en son centre un dragon et des figures diverses.
Les travaux et les jours,
Puisque le travail est un acte d'amour.

Ira chanter pour toi à Préneste, et pour toi
Il charmera Primigenia.
Il est même possible de t'apporter toujours plus :
Comme Numerus Suffustus
Qui en creusant un rocher avait trouvé des tablettes en chêne
Sur lesquelles se trouvaient inscrites des formules pleines …
De formules mystérieuses
Transformées dans une alchimie heureuse
Pour tous ces bonheurs que tu mérites tant,
Toi, le vainqueur des géants.
Le plus beau fruit
Qui t'est destiné
Est, ma vie,
Pour toi, elle sera toujours sucrée.
La victoire sera toujours devant tes pieds,
Tu gagneras
Pas à pas,
Chaque fois que tu regarderas,
Cette galaxie, pour venir près de moi.
Je t'attends dans un amour plein de merveilles,
Et j'ai rempli une petite corbeille
Avec des figues et des oranges,
Et la meringue des anges.
Peut-être aurons-nous le droit
De voir les chérubins, garder cet arbre de vie, là-bas
La volonté de l'Éternel s'accomplira

"[…], il post[er]a en avant du jardin
D'Eden les chérubins,
Avec la lame de l'épée flamboyante,
[Je me tairai tremblante]
Pour garder les abords de l'arbre de vie"[iv]
Le jardin, sera par ta force téléporté
Dans le lieu le plus secret
De la galaxie.
Veux-tu bien devancer
Le serpent avant qu'il n'entre dans ce lieu sacré ?
Laissons l'animal rusé
Se faire écraser du pied
Par les anges, à l'apparence humaine,
Alors l'univers tracera une passerelle, vers le nouveau domaine
Où les prophètes pourront discuter
De notre amour
Qui illuminera le même jour.*

Ils laisseront les hommes élucider
Le mystère de la formation d'Andromède
Et l'envelopper
Du seul remède
Contre lequel les titans retourneront engloutis sous les flots,
Tu es le héros
De tous les temps
Je revis chaque instant

Où tu penses à moi
Tu es devenu une loi
Intemporelle.
Une partie du ciel,
Je te serai toujours éternelle,
Après toi,
Il y aura encore toi.
C'est pour cela que la Terre survivra
Et je commence à mieux comprendre pourquoi
Le bonheur m'atteint
Soir et matin,
Parce que j'aime ce souverain,
Qui gouverne sur la galaxie,
Et qui nous entraîne dans notre amour fou de la vie.
Je fais partie de la vie,
J'ai posé ma fleur dans le jardin,
Où tu as ouvert ma porte pour me voir enfin,
Dans ma maison, mon cœur résonne sur les murs,
C'est certain,
Tu es l'existence qui peut guider toutes les armures
D'amour, dans le chemin qui nous rapproche chaque jour,
Dans la paix, qui une fois installée durera toujours
Parce que tes mains n'auront pas versé de sang,
Mais juste souffler dans le vent
Qui donne le pouvoir aux enfants,
Et éloigne d'eux les prêtres du néant.

La fleur dans le sol du jardin,
A ouvert sa corolle
Pour recevoir tes paroles
Et les chants de ton amour divin,
Nous vivrons
Et nous nous adorerons
Si fort,
Que nous détruirons l'empire de la mort.
L'Homme qui a peur est un humain
Et je cours tous les matins,
Pour te donner le courage de contrôler,
La vie vers l'été,
Où je te verrai nager,
Vers mon horizon,
Dans un soleil blond et bon :
Ton avenir.
Dans le plus beau sourire,
La fulgurante force d'un peuple qui veut rire,
Parce que le rire chasse la peur.
Parce que lorsque tu respires, je soupire
Et qu'au-delà de mon esprit, il y a ce bonheur
De t'amener sur la route du plus bel amour,
Tu es du monde entier, le jour
Et la voie lactée tourbillonne dans tes mains
Si je pouvais te promettre ton destin,
Qui sera heureux,

N'oublie pas de garder une place pour la femme qui t'aime.
Moi.
Et toi même ?
Je suis un champ de questions,
Un chant de passion,
Pour toi.
Te féliciter dans tes choix.
Il existe sur terre des lieux préservés
Où je peux penser
Dans l'univers, qui est notre vraie patrie
Nous ne pouvons mentir à cette évolution,
Nous sommes unis ;
Par l'esprit,
Et satisfaits par nos corps.
Nous pouvons vivre dans la pure contemplation
L'esprit et le corps,
Attendent des réponses à leurs hésitations.
L'Éternel propose,
En posant devant tes pieds des roses,
Des solutions,
Son but premier est d'éloigner tes pas de la tentation,
Certaines pulsions,
Ne doivent franchir l'espace
(Même si elles laissent des traces)
De l'inconscience,
À la conscience.

L'Homme est fait pour aimer la Femme,
D'un sang qui protège l'union de leurs âmes.
La nature de l'Homme est un mystère :
Il est conçu pour que la femme espère,
Être protégée, pour devenir à son tour une force
Qui n'aura pas peur de voir son empathie,
Pour l'Homme qui court, sans entorses
À la vie, à la folie,
Sans succomber aux cris,
Toutes les vies sont faites pour naître et grandir
Vers la plus douce étoile qui aspire
À la tolérance,
Immense,
De l'océan,
Dont toutes les autres planètes rêvent en secret.
Et cet océan a pour enfant
Une dizaine de mers
Et de ses rêves promis par l'éternité.
Qui s'allongent lorsque mes yeux quittent la Terre,
Vers toi, mon océan mondial,
Global
Nous avons un espace de soixante et onze pourcents
Et tout le temps,
Pour aller tranquillement,
Faire l'amour, doucement
Comme cela ne nous est jamais arrivé auparavent …

Pour toi,
Comme pour moi.
Devant nous, Aphrodite chante de joie,
Oui, notre amour est un océan planétaire
Ce n'est presque plus un mystère,
L'océan serait presque stoïcien
Depuis l'antiquité grecque et romaine,
Il a toujours protégé la nature humaine
Il se veut directeur de conscience
En nous laissant croire à cette espérance,
Que d'être un jour, ton unique amour.
Ta pensée, lorsque tu ouvres tes volets au petit jour.
Pour conquérir une liberté, intérieure, invisible
Nous sommes indivisibles.
Je suis la perle qui roule dans tes bras,
Que tu gardes tout le jour contre toi.
Et toute notre vie sera un collier,
De vent, d'amour et de liberté.
C'est la simple logique de notre amour,
De penser tout le temps à toi,
Comme la nuit pense à la clé du jour,
Nos pensées dialoguent silencieusement,
De mon âme,
À ton âme,
Je parle, quelquefois à Poséidon, en m'endormant
Il me parle de tes victoires sur les titans,

Et je vais visiter Morphée en souriant.
Je ne veux rien savoir,
Je veux juste une infinité de soirs,
Où je verrai ton regard,
Comme on admire une beauté rare.
Reste avec moi, reste sur Terre,
Et nous serons entourés de lumière
Toi, moi et les grands amis qui brillent à leur tour,
Dans des pensées d'amitié et d'amour.
Au jour d'aujourd'hui, tu peux le croire
Je serai toujours pleine d'espoir,
Pour toi …
Par toi :
Un esprit puissant,
La raison qui me fait aimer le vent,
L'intelligence, que j'entends,
Tout le temps
C'est un sentiment merveilleux,
Que de planer dans tes yeux
Et de te sentir,
Si humble, si doux,
Je ferai tout pour : nous.
Tu es mon plus grand plaisir,
Et je n'irai plus jamais mourir.
Je t'en fais le serment, par un baiser
Au parfum de vérité.

Tu es la falaise aux rochers bleus
La hauteur qui domine tous les lieux,
L'évélation, vers laquelle se dirige tous les oiseaux
Dans leur besoin de liberté,
Ils ont leurs chants comme des mots,
Qui font fleurir des ailes sur les flots.
La mer se transforme en fluctuations d'énergie
Et cela ramène les origines à toutes les vies.
La vie existe avant toutes les gestations,
Peut-être, parce que Dieu cherche des solutions :
Survoler les galaxies pour sanctifier
La voie lactée.*

Mais avant de penser aux tourbillons des planètes,
À la fulgurance des comètes,
Regarde encore l'océan
Et comprends
Que sans lui,
Il ne se pourrait être la vie
Qui nous permet de respirer, l'air
Et qui n'existe que sur Terre.
L'océan existe depuis que l'Homme
À marcher sur le sol de la pangée, comme
Le premier oiseau, dans le premier ciel
Celui où mon amour a mis son étincelle,
Pour nourrir ton flambeau

D'un éclat de plus en plus beau.
À cette époque là
Dominait l'océan Mirovia,
Contemporain de Panthalassa
Il faut remonter à l'ère néoarchéenne
Vieux de deux, huit milliards
À trois, cinq milliards d'années,
Le monde commençait à étendre son domaine,
Sous le plus tendre regard,
D'une éternité qui allait débuter.
Même peut-être avant Kenorland, contenant plus d'un craton
Stable, où l'on pouvait se poser déjà la question
De la présence du feu : des dykes,
Volcaniques.
D'étranges filons de roches.
Comme autant de cloches,
Pour dire que la vie allait faire surface,
Et la volonté de Dieu prendre sa place.
Le monde à cet instant s'éveille doucement,
Et Dieu observe les mouvements
Et du premier jour de vie,
Il sait ce qu'il a choisi
Il a médité pour savoir s'il faut créer d'abord le ciel
Ou la Terre,
Le tout se nommant univers ;
Et, alors la lumière ?

C'est le grand amour de l'Éternel.
*"Au commencement, Dieu avait créé le ciel et la terre."*ⁱᵛ
Le ciel est un monde où réside l'amour,
Sans le savoir, nous y vivons nos premiers jours
Entourés des anges
Et des archanges,
Des chérubins
Dans le ciel, je tends la main
Vers l'Homme qui me mènera sur Terre
En l'attendant, j'apprendrai ta prière :
Et je me promènerai dans le ciel, avec la vision magnifique
De la première fleur,
L'instant magique,
Où la beauté paraît, juste pour tes heures,
La voie lactée se remplira de couleurs.
Le ciel est bon,
La Terre est sa chanson,
Les arpèges glissent depuis le ciel
Jusqu'à la terre, libre qui n'est jamais irréelle
Dieu, et la licorne sont d'accord
Pour donner à mon âme, un corps
Un corps qui porte le brouillon
Du vent qui part en tourbillon.
Mon seul amour chante à la gloire,
De la première femme qui m'apprit l'espoir,
D'être amoureuse jusqu'à la fin de ma vie

Du ciel, de la terre et de son esprit
Et de notre présence
Dévouée à la plus honnête existence
Où que ce soit, dans n'importe quelle galaxie
Je crois aux chemins
Qui vont vers les matins
De l'humanité.
Sous une pluie, qui dura plusieurs centaines de milliards d'années
À l'issue de laquelle jaillirent les premières formes de vie :
Le procaryota, un être vivant et allait faire de l'archéen,
Qui vit sans savoir où il sera demain …
Les premiers instants qui se développèrent à maintenant.
Est-ce ainsi que Dieu choisit de remplir le temps ?
En proposant une évolution progressive
L'association instinctive
Du ciel et de la Terre
C'est le plus beau mystère.
"Ainsi furent terminés les cieux et la terre,
Avec tout ce qu'ils renferment."[vi]
Avec les luminaires,
Tout autour,
Pour attendre un seul jour,
Où quelqu'un m'aimera d'amour.
J'en rêve toutes les nuits,
Puisque je suis un enfant de la vie.
Je suis ce qu'il reste de mon père : son sperme,

Et tout ce que son rire rend ferme,
Confiant;
Dans le vent,
Toujours près de lui.
Merci aux cyanobactéries,
Pratiquantes de la photosynthèse
Qui allaient poser la thèse
De la respiration, première nécessité,
J'aime respirer l'oxygène, le parfum universel,
Et qui aide les fleurs à croître vers le ciel,
Diffusant leurs couleurs les plus belles,
Dans un bouquet que tu connais.
Puisque ta vie, c'est d'abord le ciel
Là où tu places, après l'amour, toutes tes espérances
Que ta volonté a consolidé en exigence
C'est l'espoir qui a créé la lumière,
Et devant l'appel, pour ne plus être poussière
Dans l'amour des serviteurs de son univers,
"*Dieu dit : "Que la lumière soit !"Et la lumière fut.*"[vii]
Et c'est dans cette clarté que l'homme et la femme s'admirèrent
Nus
L'amour parut
Et la vie se multiplia
Sur terre et dans le cœur d'Ea
Alors "*Dieu considéra que la lumière était bonne, [...]*"[viii]
Et il choisit parfois de supprimer la mort,

Pour les êtres candides qui s'étonnent encore
Devant, une larme qui frissonne.
Et devant les yeux pleins d'eau
Je chercherai toujours mes mots …
Une femme, un enfant, un homme qui pleurent
Devant moi, font exploser mon cœur
Quel est le langage du bonheur ?
Lorsqu'il n'existait qu'une terre, tous les êtres avaient la couleur
De la première vision,
Mais qui connaît vraiment la couleur des cieux ?
C'est un dogme inconnu qui rend heureux,
Les penseurs, les prieurs, ceux qui voient, chaque fois le trésor,
De la vie qui existait, existe et existera encore.
Des différentes saisons,
Je viens vers toi, sans explication,
Parce que tu aimes plus que tout,
La vie, et tous ces instants doux,
Tu es le nuage de coton
Dans lequel je veux m'endormir.
Dieu ne laissera jamais la vie partir,
Et tu ne veux pas voir ton amour mourir,
Car il y a des sourires
Que tu ne veux jamais oublier,
Pardon, de rêver à tes baisers
Mais ta bouche est l'horizon qui me donne envie,
De parler, de chanter pour toute cette vie

Que je sens dans ta force intérieure, moléculaire
Spectaculaire.
Tu es la victoire à laquelle tous les hommes croient,
Et je n'aime que toi,
Tu es le premier
Et le dernier
Bras de mer
Dans lequel, je rêve de tout refaire
Avec toi.
Écouter ces milliers de voix
Pour leur dire qu'à la souffrance, il y a toujours une réponse
Des milliers de fleurs parmi les ronces
Mais il n'y a pas de honte à pleurer
Je voudrais apprendre à pardonner.
Surtout apprendre à accuser,
Les vrais coupables
À plusieurs nous en sommes capables,
Puisqu'à ta voix se mêle plusieurs sanglots,
Je t'offre des milliards de mots.*

Il y a deux, trois milliards d'années, ce fut la grande oxygénation
Où soudainement la concentration en dioxygène de l'atmosphère
A augmenté d'une incroyable façon
Et la Terre devint la Terre
Et la lumière, se fit si particulière
Qu'elle parvint même à pénétrer le fonds des mers.

L'obscurité allait faire définitivement marche arrière.
Les cinq océans, les dizaines de mer
Étaient au départ un océan "mondial"
Qui protégeait les espèces animales, végétales.
Et produit la majeure partie de l'oxygène que nous respirons.
Ainsi que les fleurs terrestres qui sentent si bon.
Encore aujourd'hui, et demain ?
Apprenons aux enfants à en prendre soin !
La terre n'est pas une poubelle
Elle n'est pas une parenthèse dans l'histoire de la vie éternelle,
Elle en est tout simplement le berceau,
Pour elle, je chercherai des dentelles
Que le ciel semble ou non, beau.
J'apprendrai à caresser l'écume de ses cheveux,
Et j'attendrai toute ma vie, l'apparition des chevaux
Pour galoper dans ses yeux
Les chevaux issus de la licorne bleue,
Qui galopent de l'océan Pacifique,
À l'océan Atlantique,
Jusqu'au glacial Arctique,
Et reprendrent leur souffle sur l'océan indien.
Pacifique, comme la paix un beau matin,
Et les Atlantes auront le temps de construire des temples païens
Géants,
Et impressionnants,
Que Platon découvrira.

Le peuple arctique saura
Sauver ses ours et l'équilibre général du monde océan,
Et peut-être qu'à l'océan indien,
Les chevaux ébroueront leurs crinières dans le matin.
Je voudrai faire appel à ma plus ancienne mémoire,
Elle vient avec le soir
Pour avoir la joie de tout revoir, ne serait-ce qu'un instant.
Les dieux peuvent-ils enchaîner le temps ?
L'océan devrait s'appeler mémoire de la vie
Prééminence de l'infini,
Qui doucement reste le notre,
Et n'a qu'une ambition : la protection de nos vies
Et celles de tous les autres
Lorsqu'ils savent encore donner un magnifique sourire
Pour réapprendre à aimer, dans le plus bel avenir
Parce que ton amour, si intelligent
M'apprend à vivre en supportant,
Ton absence à mes côtés,
Pourtant je suis une partie de ta chair,
Je t'aime dans un divin mystère
Tu es tout mon espoir incarné,
Lorsque je t'attends, je réunis dans mes yeux l'océan,
Pour que tu me voies un peu, quand tu regardes lemonde grand,
Notre voie lactée contient encore des humains
Je nais, avec toi chaque matin
Et je te regarde bouger,

Émerveillée :
De ma vision,
À mon imagination,
Mes rêves, en sont la fusion ;
Je passe toujours une partie de la nuit,
À me battre pour fuire les cauchemars
C'est la simplicité de la vie,
Face aux ombres de l'histoire.
Avec la Force de ton espoir,
On peut arriver à tout :
À retrouver un monde à nouveau si doux,
Qu'on en tomberait à genoux,
Les animaux, et les Hommes en liberté,
Acceptant les velléités
D'une puissance supérieure
Pour jouir devant ton bonheur.
À l'heure du ciel et de la Terre.
Nos pudeurs,
Sont la lumière
De leurs cœurs.
J'ai tout le temps envie de t'embrasser,
De m'envoler jusqu'à ta fidélité.
Tu es plus lumineux qu'un boson
Mais tu es plus qu'un simple phaton,
Tu es la révolution,
De la lumière contre l'obscurité,

Tu es la puissance de l'amour contrôlé,
Je t'aimerai jusqu'à toutes les prochaines matinées,
Les étoiles de la nuit, deviennent les étoiles du jour,
À l'évocation magnifique de ton prénom, où j'ai vu l'amour,
Aux rêves fous, que je fais depuis toi,
Rien, absolument rien ne nous séparera :
Ta matière
Est ma lumière.
Les fleurs y grandissent pour le jour où je serai prête
D'aller dans la voie lactée, avec toi.
Il n'y a pas de raison que tu t'inquiètes.
Puisque tu m'auras découverte,
Je vivrai toute ma vie couverte,
De rêves pour l'homme, celui qui croit en moi.
Un jour magique, dans un coin du ciel, dans ta voix,
Je ne cherche qu'à croiser le détroit
Qui me tient loin de toi,
Je le remplirai de toutes les fleurs de ce mariage,
Qui sera béni, par les sages
Cachés dans l'univers
Dans la spirale torrentielle qu'ils voient de notre amour,
Dans la voie lactée, les mouvements sont circulaires,
Tes baisers foudroient l'air
Des éclairs invisibles par le jour
Et je te reçois, comme le plus beau système solaire.
Tu es joyeux, et heureux

Lorsque tu sens les étoiles se rapprocher de tes yeux,
Le ciel t'aime tellement,
Qu'il veut libérer tous tes talents
Pour que le monde connaisse une grande félicité,
Qui montera en toi, en tourbillonnant, dans la gaieté
Et ce sera le vent qui te chantera tous tes jours gagnants,
Dans une vitesse encore supérieure à ce temps,
Tu existes depuis tellement de temps,
Reste avec moi, dans un mouvement ascensionnel
S'il te plaît,
Accepte ma réalité.
Ensemble, nous irons parler d'amour et de philosophie
Spontanément, et ce seront sûrement des paroles belles,
Même si la vérité de l'un n'est pas celle de l'autre,
Dans, le cadeau de la vie,
Nous écouterons les mots des autres,
Parce que le monde est grand,
Et que nous sommes tolérants.
Les prix nobels,
Sont universels.
Il devrait exister
Un endroit surprotégé
Où l'intelligence humaine,
Deviendrait un domaine
Ouvert à tous,
Non-violents,

Et à la pensée douce.
Là est l'intérêt de savoir lire,
… Peut-être d'écrire,
Des mots bienveillants …
Pour ne jamais blesser les enfants.
Qui auraient un sens inné de la lumière
Et de ses particules élémentaires,
Qui obéissent à la règle de Bose
Tandis que les poètes écoutent Booz,
Qui ne s'endort plus dans les champs de fleurs,
Mais qui les fait fleurir, à toute heure,
Car en lui, est la Force, ce grand bonheur
De ne jamais mourir au champ de batailles
Où l'homme vulnérable, avec ses failles,
Lévera les yeux vers la créature de joie.
Sur les terres de combat,
J'irai poser mes pas
Pour chanter l'hymne à la paix,
La licorne dans un galop exceptionnel galopera
Jusqu'à toi
Au moindre instant où tu seras en danger.
Dans cette voie lactée,
Ta force et ton amour ne seront jamais prisonniers
Tu deviendras l'étoile de la liberté
Que tous les peuples opprimés seront fiers de porter,
Tu les écouteras tous un par un,

Tu comprendras tous leurs langages
En espérant entendre à nouveau la voix des Sages.
Justifiant la diversité des peuples, venus de partout,
Ils attendent ce qu'il reste de doux ;
Et le respect pour chacun.
Pour tous les matins
Devant la bâb, devant la porte, viendront avec leurs voix,
Ils espéreront trouver El ilu, le sage
Ils repartiront le cœur doux, plein de ce visage.
Ils iront jusqu'à toi
Et la tour de Babel, ira s'asseoir aux portes de la voie lactée,
Aucun mot ne sera effacé,
Chaque langage aura sa constellation,
Et l'amour, non loin, trouvera sa maison
Chacun y apportera sa chanson,
Et chaque chanson donnera son courage.
Dans le ciel, il n'y aura aucun nuage,
Sauf ceux laissés par les oiseaux de passage,
Les dieux, devant toi, ne diront aucun mauvais présages.
Le monde sera à ton image,
Et tu comprendras le sens caché de tous ces messages.
Le monde devient de plus en plus puissant
Nous devons porter espoir à ceux qui se croient perdants :
Qui n'ont rien à manger,
Et qui dorment sur des bancs hiver comme été …
Qui leur offrira un café ?

Et le fossé se creuse entre la richesse et la pauvreté,
L'un des commandements devraient être d'apprendre à donner,
Pour toi, je n'aurai plus peur d'être une femme,
Et de tous les jours te montrer mon âme.
Je n'ai rien à cacher
Et c'est là ma vérité :
T'aimer.
Plus fort que tous les chants des fées,
Je pense à toi, je retrouve ma chère Calliopé,
Je te rencontre à chacun de mes baisers pour la lumière,
Ta bouche est un délice qui n'existe que sur Terre,
Tes baisers, tes paroles, tu côtoies la tendresse, universelle,
Je suis la femme la plus heureuse puisque tu es mon ciel,
Tu m'éclaires, tu m'endors,
Je vis au rythme de tes pensées qui valent de l'or.
Tu m'apprends à penser à celui qui meurt pour sauver sa vie,
Et sa vie sera sauvée,
De son commencement, jusqu'à la caresse la plus aimée
Le ciel dans tes yeux changent tout pour la vie,
J'y vois les couleurs de l'humanité,
J'y vois les couleurs de la voie lactée
Et je te raconterai pourquoi sur Terre, la mer a un goût salé
Ce sont peut-être les larmes de Dieu qui y ont coulé
Quand ils nous voient,
C'est pour lui, une grande joie.
La Terre est pour lui aussi un berceau,

Et en même temps son enfant,
Il délivre le premier mot :
"*Au commencement, [...]*"[ix]
Le monde était si parfait
Que la mort n'osait se présenter,
Les fleuves qui descendaient de la voix lactée,
Étaient pleins de fleurs et de vie.
Ce monde, c'est peut-être encore aujourd'hui,
Quelque part dans l'univers.
La Terre que tu as choisi pour me parler du bereshit
Le chemin extraordinaire, vers tout ce que la vie habite.
Au début, depuis hier.
Dans notre vie, il n'y aura jamais de guerres,
Chaque matin fera frémir,
Nos tous premiers sourires,
La voie lactée, descendra
Jusqu'à tes bras,
Pour protéger ce que tu as de plus cher
L'amour sur ta terre.
Ta Terre est le jardin, pour tous les enfants,
Et, ils sont tous différents.
Tu es leur père à tous
Et ton âme est si douce,
Que tu auras appris,
L'essentiel à tous ces petits :
Grandir vers le même avenir,

Et rencontrer l'amour
Pour que leurs vies soient faites des plus beaux jours.
Lorsque l'univers est considéré dans sa totalité,
Tous les êtres peuvent être aimés,
Les neurones de notre cerveau sont ouverts à la paix,
Le brouillard se dissipe avant même que viennent tes baisers.
Plus doux que le soleil d'un après-guerre,
J'ai le cœur à l'endroit et à l'envers,
Mais les yeux grands ouverts,
Pour voir, ton visage plus beau que celui de Pindare,
Si je continue à vivre, c'est pour partager ton regard,
Et lancer dans la voie lactée, des milliers de fleurs et d'oiseaux.
Pour rendre le monde de plus en plus beau,
Des montagnes, des vallées qui quelquefois chantent
Leurs joies devant le monde qui enfante
Plus vite, et depuis toujours : un millième de seconde,
Tu me réapprends à aimer ce monde,
Où tu as toujours vécu en même temps que moi,
J'atteindrai l'inaccessible pour toi,
Et je te montrerai jusqu'où mon amour va
N'importe où, là où tu seras ;
J'enverrai des rayons bleus autour de toi,
Pour te dire, que j'arrive et te faire déjà sourire.
J'adore entendre ta voix, parce qu'elle est pleine de rires,
Et de respect pour tous tes soupirs,
Tu es plus vibrant que l'océan

Tu es de la voie lactée, l'essence de l'avenir,
Ton amour créera un nouvel empire,
Et toute la voie lactée viendra devant
Nos promesses de survivance,
Tu es de mon existence, la plus importante galaxie
Celle de ton chemin, qui suit ma vie,
Celle de ta vie, qui suit mon existence :
Et, toi et moi nous connaîtrons l'expérience
D'amour et d'infini,
Juste si tu as envie
Comme moi de découvrir les secrets,
De la voie lactée :
Être capable de préserver la lumière
Qui plane tout autour de la Terre,
Dont je découvre la beauté,
En te regardant exister.
Tu es la vie, la lumière, l'amour, la voie lactée
Et je suis heureuse que tu sois un être aimé.
Merci,
À cette vie,
Qui existe dans nos vies,
Et si l'on me pose la question de savoir si l'amour existe,
Je répondrai simplement qu'elle préexiste,
Depuis toi,
Et qu'ensemble nous n'abandonnerons pas.

La licorne bleue et le vent solaire

La licorne et le vent voyagent dans tous l'univers,
Pour t'apporter une partie de ma lumière,
Mon amour pour toi est d'abord une vive émotion,
Qui vit dans les profondeurs de notre passion ;
Et dans les fréquences de notre raison,
Personne, ne peut me donner autant d'amour que toi,
Tu es l'extase cachée dans les forêts, où tu brilles devant moi,
Je sens ton vent, je sens ton soleil : tu es toute ma vie,
Et ma vie, n'est rien sans ta vie,
La licorne m'a portée jusqu'à toi sur le vent solaire,
Et j'ai fermé les yeux, pour fusionner nos lumières.
Nous ne serons jamais prisonniers,
Puisque le ciel est à nos côtés.
Le vent amène la lumière,
À la lumière,
Tout autour de la Terre.
Et la lumière est le premier baiser,
Le vent sait se faire silence,
Le vent sait se faire clémence.
Il souffle la vie, de ma pensée à ta pensée
Pour toutes les religions nous avons le même respect,
Le vent est le même depuis les commencements,
Tu es mon respect,
Tu es ma religion
J'éprouve pour toi une très douce passion

Tu es le vent du désert,
Qui pénètre le sens de mes prières,
Tu es le chemin qui ne s'arrête plus,
Ma vie pour toi continue …, continue,
Je fais partie du peuple du vent,
Le vent n'a jamais cessé de souffler,
Il porte en lui toutes les pensées,
Et le soleil, ami les comprend.
Il réchauffe, celles qui s'apellent Liberté, et Vie,
Dans un grand rêve d'espoir, et dans le besoin, l'envie,
De mériter ton amour,
De rêver à des nuits d'amour,
D'apprendre comment suivre les vents de la Terre,
Pour les rendre bleus, puisque c'est la couleur de l'atmosphère,
J'aime caresser ta puissance,
Moi qui ne sais que parler aux fleurs,
Pour interpeller sur nous, la providence.
Je t'aime, c'est ma plus grande chance.
La réponse du vent se nomme bonheur,
Pour toutes les unions,
Que nous suivons.
Tu m'as ouvert les portes du désert,
Tu m'as ouvert les portes de cette lumière,
Sacrée …
Et j'ai entendu les pas du peuple libéré,
Qui croyaient les yeux fermés,

À l'amour, la fidélité de ce Dieu qui nous a appris,
Qu'il est bon d'aimer de plus en plus la vie,
Puisque j'ai goûté à la manne dans ta main.
Lorsque j'étais au bord de la fin.
Et que le vent ne l'a pas laissé s'envoler,
À cet instant j'ai compris, que tu m'avais choisi,
Et que je t'ai dit oui, pour la vie.
La licorne soudainement s'est mise à chanter
J'étais pieds nus devant toi,
Dans le cortège, je ne voyais que toi
Mon regard a trouvé son espace de réflexion,
Tu es ma définition
Voire même, la solution,
Vers la mer bercée par le vent jusqu'à l'horizon.
L'homme, inspiré doit prier,
Pour continuer à créer.
La femme amoureuse, que je suis
T'envolera dans un immense lit,
Où nous nous aimons pour toute la vie.
Je rêve d'être le vent dans tes cheveux,
Le soleil levant dans tes yeux.
Ta première seconde du matin,
Pour t'ouvrir la porte du chemin
Jusqu'aux temps les plus excitants
Qui s'envolent jusqu'au soir où nous sommes impatients,
D'accepter de se voir tous les jours,

Et la nuit de danser pour attendre l'amour.*

J'ouvre mes mains,
Je touche le matin,
Tu m'attends, comme je t'attends.
Je te parle dans le vent
Je ne sais pas toujours ce que je te dis,
Je ne sais pas où va ma vie,
Droit dans tes bras,
De tout le Jourdain, tu es le premier pas.
L'un dans l'autre, le vent
Nous enveloppera d'une brise douce, chaude, venue du cœur
De celui qui nous amènera jusqu'à l'innocence des enfants.
Dont le rire est quelquefois, resté le socle du bonheur,
Dans mon être j'ai construit une place très spéciale
Pour allumer toutes tes étoiles,
Dans l'espace de mon amour pour toi.
Où tous les oiseaux du monde qui entendent les rires de joie
Viennent poser la partition secrète de leurs premières fois.
Ils savent que la licorne est là,
Qu'elle existe, et qu'elle vit avec moi,
Elle est invisible, son pelage est blanc,
Elle a toujours été mon double, mon amie
Et fleurit la lisière entre ma raison et ma folie.
Elle veille sur toi également
Pour que ta vie reste le parchemin du vent,

Elle a ouvert ses lettres de feu,
Chaque fois qu'après avoir dit adieu,
J'ai redit bonjour
Depuis mon inconscient a ressurgi la force de l'amour
Je suis une fleur immortelle,
Je pose en toi, les grains d'un amour si éternel …
Que tu commences à jouir en plein ciel.
Parfois les vents soufflent très fort sur moi,
Et tous mes pétales volent sur toi,
Pour être ton armure,
Où j'ai transposé la signature
Du souffle céleste qui provient
De très loin
D'aussi loin, que le vent chante pour toi.
Le vent qui vient de partout,
En passant devant toi, devient tous doux
Se concentre sur toi, sur ton esprit,
Parce que tu danses la vie.
Où que tu sois, je te rejoins,
Puisque tu le veux bien
Et je traverse l'espace d'amour que tu m'envoies.
Je suis très honorée, d'aimer un être si doux
Une licorne … et un loup …
Et cet honneur, revient à Ea.
Tu fais partie des survivants de la race d'amour
Et nous nous embrasserons au royaume où éternel est le jour,

Au moment de la création des psaumes,
Vivement protégés par l'homme.
Et que tu as répondu,
La voix nue :
"C'est moi [dis-je] qui ai consacré mon roi sur Sion,
[Sa] montagne sainte !"[x]
Mais ce roi connaît toute la Terre,
"[Sa] propriété, que tu délivras, de ce mont Sion […]"[xi]
Sa joie et sa plainte.
Alors il lui donna la prière
Et pour lui, Sion, c'est le monde
Il lui a dans l'amour donné un nom,
Et ton prénom :
Chant de la terre, vers
L'univers,
Où tous les hommes ont les mêmes secondes.
Où l'océan d'amour abonde,
Je voudrai entendre chanter,
L'oiseau de la fraternité
Qui a les mêmes couleurs que l'oiseau de la liberté.
J'aime la paix,
J'aime t'aimer
Sans jamais m'arrêter,
D'une force et d'une permanence,
Que tu espères pour moi,
Et qui entre en moi

Tu es et tu seras l'amour le plus intense
Vers lequel m'a conduit la rose des vents,
Des vents qui ont le langage du temps.
Tu traduis dans toutes les langues, les messages divins
Tu es ma force et ma faiblesse, sans fin,
Aujourd'hui encore,
Tu es très très fort,
Tu m'as montré ton amour :
Et si un jour on en parlait …
Oserais-tu ouvrir ta bouche sacrée
Pour parler de cette Force qui nous lie,
Dans la musique et la poésie.
Ton amour est comme le vent solaire,
Il est entré et ne fera pas marche arrière :
Les fées ont cousu tes clefs à mon cœur.
Et tant que je serai en vie, je te donnerai mon bonheur,
Tu me connais,
Comme si j'étais ton seul pays,
Le pays du vent,
Et de l'océan.
Vient flotter,
Dans ma liberté
Que tous les peuples ont un jour cherché,
Et finiront par trouver.
Mes courants sont bons,
Et personne ne m'a appris toutes ces chansons

Je ferai tout, pour ne jamais te décevoir
Tu es devenu la Force de tous mes espoirs,
J'entends la voix des peuples tous les soirs,
Mais c'est ta voix que je veux entendre,
Comment te faire comprendre,
À quel point j'ai besoin de toi,
Ta vie est le plus bel endroit
Pour ma vie.
C'est là, où nous allons visiter l'infini,
Parmi tous les anges qui irradient
L'archange Saint-Michel terrasse le dragon.
Son nom, son action sont envoyés par Dieu,
Et grâce à lui (et d'autres) le monde sera définitivement heureux.
Dès qu'ils sont portés par le vent, dans la vision,
D'un amour, profond et bon
Pour l'univers.
Pour ses rêves solaires,
Et ses vents,
Qui envoient la poussière,
Dans un monde hors du temps.
Là où l'esprit de Dieu est tranquille
Là où les vents sont dociles
Sur les eaux primordiales,
Est appelé un vent : Rouah,
Qui souffle directement depuis l'étoile,
"[…], et le souffle de Dieu planait sur la surface des eaux."[xii]

Là où tu allonges tes bras,
Quand tu nages dans les premiers flots.
Oui, tu voyages dans les temps,
Avec une intelligence qui ne craint aucun vent,
Tu es tellement brillant,
Que le monde te réclame tout le temps ;
Et ton prénom résonne dans toutes les gorges car tu es né,
Un matin, pour aimer …
Ton vent apporte aux apôtres, les langues de feu
De Dieu.
Et Boaz en trouvant sa femme Ruth découvre l'amour
Et l'Éternel pour le remercier,
Fit dans le vent de ce jour,
La promesse d'une longue lignée
Il devient par elle le bisaïeul du roi David et de Jésus
Et promit le respect de l'homme nu,
Parmi tous ceux qui portent des mantaux de fils d'or,
Dieu a choisi d'ouvrir une parcelle de son trésor.
Ils étaient douze, comme les douze tribus,
Et le vent qui soufflait,
Réunissait
L'étoile à l'océan,
Et l'océan à la Terre.
C'était la délégation du vent :
C'était la communion d'un réel mystère
Le vent soulève les fleurs de terre,

Et les porte jusqu'à ta bouche,
Tu es le seul qui les touches.
Ton corps m'a couvert d'amour fleuri,
Et la grande joie de la vie,
Est venue,
Avec ta force et ta douceur à fleur de peau,
La force d'un homme qui parle aux anges là haut.
Et ceux-ci lui répondent combien le monde est souvent très beau.
Il n'y a rien de plus beau que l'acte d'amour,
Et je suis venue,
Moi aussi,
Je t'aime de plus en plus infini,
L'homme qui aime sa femme : c'est vraiment beau,
Et faire l'amour par amour,
Dans la chaleur de nos corps nus
Dans l'amour que les chérubins ont conçus.
C'est comme courir main dans la main,
Dans l'océan dès le matin,
Quand l'océan brille sur tes mains.
Je respirerai tes parfums
À chaque fois, que je verrai une fleur,
Tu es le bonheur,
Du cosmos qui m'a été présenté,
Le premier jour où je me suis envolée,
En un seul rêve, un soleil instantané
Vers toi.

Tu es le seul homme que j'accepte en moi.
Parce que ta vie est le psaume royale,
Qui bénit tous les êtres qui ont une étoile
Dans le plus profond de leur toute première fois,
Comme moi avec toi.
Et ma pudeur se tait, mais tu as bien compris notre jouissance …
Du monde, tu es la puissance,
Les rivières
Les clairières,
Ouvertes à tes lumières,
Peut-être parce que tu sais où va ma lumière :
Dans l'univers que tu as créé, cette nuit,
L'une des plus belles nuits de ma vie,
Parce que nous continuerons, à chevaucher,
La licorne qui veille sur notre éternité,
Et qui boit un peu d'eau fraîche dans tes mains
Car tes mains ont touché le jardin,
Où tu as fait tes premiers rêves d'amour,
Et je suis revenue t'offrir les lumières du jour.
Ma chambre est ton jardin,
Ta jouissance est mon destin.
Tu m'offres un bonheur supramental
Tout simplement amoureux de ton idéal
Je prie pour t'aimer toute ma vie
Et te laisser apercevoir la licorne éblouïe.
Tu es la beauté,

Tu es la pureté,
Tu es la bonté,
Je passerai ma vie
À compter les étoiles à l'intérieur de ton corps,
En osmose totale, avec mon corps
Dans un inconscient vierge, une victoire,
D'amour, de lumière : tout ce qui est ta gloire.
Et recommencer encore !
La vie offre tellement de plaisir,
Le vent de Dieu, nous a soulevé toute la nuit dans un grand rire,
Nous sommes montés plus haut que le ciel,
Au pays de clarté, là où règne la Force humaine,
Et j'ai chanté pour l'arc-en-ciel :
Ta force souveraine,
Ton lac de respiration,
Je rêve d'une maison
Où ton souffle mêlé à mon souffle, sera l'existentiel.
Notre amour est une réalité reine,
Qui détruit toutes formes de haine
Qui n'a que des fleurs comme couronne,
J'ai senti des émotions si belles,
J'ai choisi de t'offrir mon corps comme trône,
Tu es le roi de mes nuits
Le plus grand amour de toute ma vie.
Je ne réalise pas l'ampleur,
De ce bonheur.

Merci,
Madame, la vie.
Tu chantes avec moi, les rires des enfants,
Tu chantes avec moi, le vent
Et je m'endors paisiblement,
Dans les bras de ton amour
Je te donne ma vie, je te donne mes jours
Et je sais qu'ils seront heureux
Puisque c'est ce que tu veux.
Tu n'as qu'à fermer les yeux,
Je serai encore là
Quand tu les réouvriras,
Mon amour, je suis là.
Une nouvelle étoile, pour toi.*

Je t'aimerai au bord du sourire de Dieu,
Qui sème ses lois tous les jours dans le feu,
Pour tous les peuples merveilleux
Le vent leur ouvre les yeux
Vers des terres de joie et de liberté
Alors, ils pourront tout espérer,
Et recommencer,
À aimer comprendre d'où vient le vent,
Car celui-ci ne connaît pas de frontières,
Ses océans ne sont pas fermés : ils sont dans la lumière.
D'admirer le sourire de l'être aimé, et l'enfant

Lorsque leur exil prend fin
Alors ils écoutent tous les vents,
Se prennent par la main,
Et défilent pour célébrer,
La Liberté.
Il y a des jours comme ça, réellement exceptionnels
Où les rues, les avenues fêteront
La réussite de la fin de l'oppression.
Enfin, les oiseaux dans le ciel
N'auront plus peur des avions militaires,
Car par définition, toutes les guerres
Finissent un jour !
Et l'innocent ne sera plus la victime de certaines folies
La justice des grands est bien en vie,
Et l'Amour,
Veille :
Pour que survivent toutes les merveilles.
Chaque jour,
À un monde égalitaire,
Sans politique,
Avec au minimum, une démocratie limpide, unique
Les discussions sauront se faire :
Les accords de non violence pour toute la terre.
Merveilles,
Ne serait-ce qu'un fragment de ce soleil
De tolérance

Et commémoration dans le silence.
Car c'est dans le silence, que se baladent les anges
Et entendent les larmes pour que le monde change,
À chacun,
Son morceau de pain,
À chacun,
Les soins des médecins.
Et le respect pour la création,
Cette étrange dimension,
Où l'affect se libère
Et fréquente l'espace de l'air,
Et trouve son inspiration
Dans le tri inconscient de sa raison.
Dans la nostalgie, d'une ancienne maison,
Où les fleurs jouaient parmi les chansons.
L'artiste trouve sa manifestation,
Dans la plus proche expression
Non violente
Encore plus pertinente.
Elle est faite pour être reçue,
Partout, dans les endroits les moins connus.
Elle ne s'impose pas,
Elle se pose pour ta joie,
Ta libération.
On peut parler de liberté d'expression
Mais aussi de liberté de réception,

Parfois, c'est difficile de comprendre une pensée
Et l'artiste lui-même ne comprend pas sa totalité
Il dit, peint, chante ce qu'il voit
Et tout ce qu'il entrevoit,
Il traduit le mystère,
Et il est reçu dans un autre mystère.
Le vent protège l'inspiration,
Le vent répond à des questions
Et en crée de nouvelles,
C'est magnifique de voir la pensée ouvrir ses ailes.
L'oiseau qui vole dans le ciel
Plane sur le vent des muses
Et se promène sans ruse.
Je suis liée,
Par je ne sais quel secret,
À Calliopé
Elle ne me parle que de toi,
De notre amour, et du soutien pour cette foi
Que nous avons l'un pour l'autre,
Et nos sourires rendent les autres,
Immédiatement heureux,
Puisque nous sommes la preuve que l'amour passion
Construit,
Et soulève des torrents de vie.
L'amour que je vois dans tes yeux
Répond à toutes mes questions

Les plus anciennes, les plus récentes
Pour toi, je donnerai aux fleurs des couleurs phosphoréscentes,
Pleine de ton intelligence, tu me fascines,
Et quand tu ne dis rien, je te devine,
Ton silence est mon mot préféré,
Parce qu'il me laisse te parler,
Dans le vent,
Et je te parle tout le temps,
Je ne suis qu'à toi,
Où que je sois
Je rêve de toi : que tu es avec moi,
J'ai toujours peur de blesser
Ta beauté :
Ton cœur.
Je suis comme une fleur,
Et, mes épines ne servent à rien
J'ai peur de blesser tes mains,
Ou d'inquiéter ta joie.
Écoute le vent, qui souffle ici et là
Puisque tu es un gagnant,
Et mon rêve d'aimant.
Je t'aimerai en silence
Je prie pour que tu aies toutes les chances,
D'accéder à tes rêves de paix,
Je voudrai tous les jours t'encourager,
En te couvrant de baisers,

Je ne vis qu'avec mon espoir,
D'adoucir certains de tes soirs,
Et je ne te vole à personne, puisque je ne fais que rêver de toi,
Je ne mérite pas d'être condamnée, il y a bien une loi
Pour que l'amour devienne plus présent que le vent.
Et te fasse rire et chanter tout le temps,
J'ouvre toutes mes portes, mes fenêtres et mes yeux,
Pour que tu vives chaque jour, cet amour qui rend si heureux.
Quelle place,
À cette poésie
Écrite dans un coin de l'espace,
Pour ta vie ?
Je voudrai que le monde découvre, cette merveille : toi.
Pour que le despote disparaisse devant, ce vent, ton pas
Cadencé non par la force militaire, mais par l'Amour !
Parce qu'aujourd'hui la liberté est jour !
Dans notre pays, en tout cas …
Tu es le moment où le guerrier pose ses bras,
Et lâche son arme.
Que le vent emporte dans les charmes,
Angéliques, du sourire d'un enfant
Qui naît après une nuit d'amour
Puisse exister une étoile, un jour dans quelques temps,
Par hasard, n'importe quel jour
Pour les protéger, si les parents
Ne ressentent pas leur immense appel vers la vie,

L'étoile les emportera près de ce que Dieu a promis,
La découverte fascinante de la lumière,
La surprise étonnante du vent,
Le vent qui cache derrière leurs paupières,
La terreur, ils vont tous les bras ouverts vers la mer
Car la mer et le vent sont identiques,
La mer n'est que du vent liquide,
Et le vent est l'exacte antique,
Parole … magique :
Les premiers mots,
Mais surtout la venue rapide
De l'ange qui enchante, et soupire
Devant eux, et leur montre un monde beau
Durant leurs sommeils, Dieu trace un avenir,
Qui répondra à leurs rires,
Il leur faudra apprendre à partager,
À respecter, le monde qui pour eux vient de commencer.
À donner ce dont l'autre rêve et, qui seul n'aura jamais :
Tu vis dans un désert,
Je t'offre toute la mer,
Tu survis dans une prison, le vent viendra te faire rêver.
Tu te sens parfois seul, je raconte ton passage
Dans mon cœur géant,
Tu es mon plus sublime voyage,
Mon amour, qui va en s'amplifiant,
Le soleil du vent,

Un amour, pour toi, chantant,
Des étoiles qui brillent en même temps
Je t'aime exactement au même moment,
Que la lumière, lorsqu'elle se répand dans l'univers,
Pour faire l'amour au vent stellaire,
Ce sont les nuages qui sont notre délivrance,
Tu chantes ma douceur, je chante ta tolérance,
Tu ferais tout, pour sauver la vie, surtout celle d'un enfant
Un enfant est encore agnostique,
Sceptique,
Et lui retirer un instant,
De réflexion, c'est arracher une fleur de son printemps,
Je veux que les fleurs vivent, le plus souvent,
Je veux emmener les enfants dans tout ce qu'ils n'ont imaginé,
Chanter, et courir dans les plus belles forêts,
Pour comprendre que la vie est faite pour résister.
L'esprit, prêt,
Par le désir d'observer, de créer
Ce sont les enfants qui engendrent l'espace,
De leurs admirations sagaces,
Ils ont dit oui, à l'évolution de cet éther d'où est né le vent
Puis la vie a avancé doucement,
Laissant le vent transformer la lumière illuminatrice,
Sanctificatrice
Qui resplendissante chasse les ténèbres
Partout, dans toutes les surfaces unies et creuses, elle se glisse

C'est l'absence de violents prémisses.
Et efface du loup l'envie de briser les vertèbres,
De l'être vigoureux, qui peut rester jeune jusqu'à ce soir
Et dans les bras de l'amour, retrouver l'espoir :
Viens dans ma rivière,
De lumière,
Nous serons couchés, brûlants d'un désir avoué,
Tu me laisseras pleurer,
De cette joie, que seul l'amour peut apporter.
Et que le vent ne capturera jamais,
Et même au contraire, libérera
Devenant une légende, inscrivant ses premières fois
Le ciel s'ouvrira encore une fois
Comme un enfant qui ouvre les rideaux,
De sa chambre, sans penser,
Qu'à la fenêtre d'à côté,
Il peut souffler un vent très froid,
Et n'avoir que le courage de se rappeler ses saisons de joie,
Qui reviendront,
À chaque saison.
Je vais poser devant sa porte des couvertures,
De la nourriture
J'ai essayé plusieurs fois,
Mais j'ai trouvé en face de moi,
La dignité du silence.
Je n'ai eu que le temps d'un sourire

Pour Hegel, la dignité consiste en la pensée, quand elle est silence
Plus précisément, la spiritualité qui fait rire,
Faire rire quelqu'un est un cadeau qui n'a pas de prix
Comment oublier le rire de l'oiseau ébloui
Qui chante pour le prisonnier, injustement condamné,
Enfin libéré !
Cette spiritualité, c'est pour toujours le salut de l'âme,
Que l'Éternel offre à l'homme et à la femme,
Parfois un homme aime tellement sa femme,
Que leur amour ne fait plus qu'un,
Et pousse, et grandit dans le jardin,
Qu'ils trouvent chaque matin,
Comme un miroir, où brille la perfection
De leur union.
Oui, c'est possible, de tout comprendre de l'être aimé
Et de son arbre, lui faire goûter
Le fruit plein de sève,
Et l'emmener au pays des rêves,
Où faire l'amour se pourra pour l'éternité
Il n'y a pas que les corps qui s'aiment,
Il y a des spiritualités qui se sont rencontrées
Et qui ne peuvent s'oublier
C'est important pour moi de te dire je t'aime,
Puisque c'est mon sentiment le plus profond
Viens nager tout au fond,
De mon océan d'amour,

Qui grandit, depuis toi, chaque jour.
J'ai des racines, comme les tiennes :
Je ne peux supporter de faire de la peine,
À qui que ce soit
Surtout s'il est loyal avec moi.
Je suis la plage où je t'attends,
Dans un moment qui oublie le temps.
Je ne joue pas, je te donne des milliers de merci
Pour mon âme et ma poésie,
Tu es la résistance de ma vie :
Ma Force et mon bonheur !!
Sans toi, j'oublie les jours, les heures
Tu es et la lune et le soleil, doux et fidèles
Et j'entends tes messages quand tu me parles depuis le ciel,
Mais c'est surtout sur la Terre que j'ai besoin de toi
Et que tu me racontes tous tes exploits,
Je passerai ma vie entière
À te parler du vent-lumière
Qui se réfugie dans ton entendement,
Et ce n'est pas la peine de s'appeler Descartes pour évoquer,
La pensée,
Les enfants sont assez grands,
Ils sont tous intelligents,
Mais plus ou moins malheureux sous le jugement
Qui parfois brisent leurs élans,
Laissons les dessiner, comment ils voient la vie,

Écoutons-les chanter les chansons qui portent les sons
De la voie de leurs toutes premières compagnies :
Un père,
Une mère.
Jusqu'où va la mémoire ?
Où est partie la voix de mon père,
Qui chantait dans le vent, le soir ?
En regardant doucement le soleil se coucher
Il n'avait que la raison du bonheur
Il ne parlait pas souvent de ses peurs.
Il m'emmenait galoper
Et je voyais ses yeux briller,
Quand nous survolions la mer
Pour épouser la Terre.
Le vent nous poussait vers l'infini
Il connaissait la tour des vents d'Athènes
Qui régit la mer méditerranéenne
Pour la liesse de tous ses amis.
Il sentait avec le vent du matin
Que j'étais issue de son chemin …
Certaines choses que personne n'a jamais compris.
Pour lui, la vie était un compromis
Entre le rêve individuel,
Et le rêve universel,
Il lisait dans les rêves silencieux,
Son idéal : rendre les gens heureux,

Il était beau et généreux.
Et le monde s'ouvrait à lui,
La connaissance venait à lui,
Comme le vent va au bateau
Il voyait tous les drapeaux.
Il allait presque connaître les secrets du vent :
De la Tour des vents d'Athènes à huit faces,
Ou plus simplement cette étrange "rose des vents"
Qui guide le marin dans son espace,
Et ne sait pas qu'il est observé par les faces
Éternisées des statues des anciens,
Qui murmurent entre le rêve et le petit matin.
Poséidon, puissant par la force de son trident
Ouvrait ou fermait tous les écueils de rouleaux blancs.
C'est ce Dieu qui lui ouvrit l'océan. *

La rose des vents a huit, douze ou trente six pointes
Entend les plaintes,
En fait, le vent associé à l'eau
Parcourt l'art de la géomancie :
Il ne s'agit pas de plusieurs mots
Il s'agit de la divination par la terre,
En Chine, depuis l'infini,
On devine toute la vie.
Décidément l'univers des flots,
Est un réel mystère

Mais pas aussi intense, que les rêves que je veux faire,
Avec toi.
Tu es le rêve de ma vie,
Le vent fleuri.
La seule magie,
Vers ces temps rajeunis,
Par les pages que tu tournes, plein d'amour,
Aidé par la lumière du jour.
Que certains êtres portent en eux,
Juste pour soulager tes yeux,
Quand tu n'as vu que du feu,
Alors que ton cœur, a besoin de voir des colliers de fleurs.
Rassemblés autour de toi, par le vent doux, salvateur,
Il soufflera à la bonne heure,
Pour transformer tes larmes en rires,
Je t'aime n'est plus un souvenir,
Je t'aime est un avenir.
Veux-tu écouter le souffle de mon vent,
Quand tu m'apportes de la joie, tellement
Tu chantes en m'endormant,
Et c'est le souffle de mon amour qui ferme tes yeux doucement,
Je sais que je mourai pour toi,
Mais en attendant, nous avons tout ce temps
Mais tu es loin de moi :
C'est comme si j'étais loin de ma vie
Loin du plus beau pays,

Auquel j'ai toujours rêvé
Ne laisse pas mon désir nocturne s'écrouler,
Laisse l'Éternel construire des colonnes autour de nous.
Le temple, exclusif qui protégera notre amour si doux,
Le vent pourra entrer et faire chanter les anges du silence
Tu deviens cette incroyable existence,
Que le vent m'avait promis dès mon enfance.
Tu es mon hing-fa,
C'est toi qui crée les harmonies dans mon être-là ;
Avec ton cadre naturel : la puissance
En harmonie avec le ciel, dans le vent de nos consciences.
Nos consciences vibrent dans la gloire de l'amour
Notre gloire est cette présence quotidienne que nous partageons,
Cette douceur, dans l'espoir de l'amour que nous ferons,
Il y aura une grande victoire, ce jour,
Des fleurs tomberont du ciel,
Des oiseaux chanteront de plus en plus près de l'Éternel
Tes désirs deviendront réels,
Ma bouche pardonnera d'avoir laissé la clef du paradis
Dans les mains des impies
Et ce sont nos ancêtres qui décident de venir à nous,
Leurs portes sont gardées par deux loups,
Ce n'est pas nous, qui pouvons pénétrer les portes du ciel,
Il faut que les anges l'autorisent :
Ce voyage partiel.
Ils ont une bouche couleur cerise,

Et des paroles qui te donnent le choix entre le dragon bleu ou vert
Et le tigre blanc
Qui est visible, félin de lumière
Et comprend ce que cachent les dragons du néant.
Les anges parlent par volutes de nuées,
Et aimeraient beaucoup être aimés
Ce sont les fées qui les caressent tout près
Et t'encouragent à embrasser ma vie,
Il te suffit d'écouter le vent de ma nuit,
Pour comprendre que ma folie,
Vient d'un passé où j'étais seule, comme la pierre
Du désert.
Tandis que tu marchais parmi les dunes, tu as découvert,
Une pierre fleurie …
Tu t'es penché,
Et j'ai appelé
Ta bouche, pour retrouver la vie …
C'était il y a très très longtemps
Lorsque la liberté était amoureuse du vent.
J'avais choisi d'être une fleur,
Mais l'enchanteur,
M'avait transformée en pierre,
Pour n'être regardée que par toi …
Puisque j'existe pour toi.
Et ce baiser a fait de moi : ta femme.
La beauté c'est l'Homme qui respecte toutes les âmes.

Puisque tu as entendu mon cœur, mon galop.
Tu as touché la matière,
Sans prononcer un mot
Qui me retenait prisonnière
Et elle s'est éparpillée,
Et elle s'est envolée.
Je suis née dans l'amour de tes mains,
N'est-ce pas ce que tu attendais du divin ?
Mais que faisais-tu toi-même à cet endroit ?
Tu cherchais la mélancolie du vent
Un vent qui entre en moi, sans commandements.
Pour trouver une réponse que le temps ne brisera pas
Suis-je moi ?
La poésie,
Fait-elle taire ta mélancolie ?
Pierre, fleur, poésie,
J'ai moi-même le regard qui tremble lorsque j'entends le vent,
Ma mémoire garde ces instants.
Où D. propose une magie
Plus longue que nos vies …
Et propose le passage d'hier à aujourd'hui,
La mémoire est comme une porte qui obéit à la vie,
En douceur, quand je te vois,
J'ai l'impression de voir mon seul amour,
À côté de toi,
Tous les visages s'effacent,

C'est toi, que j'ai besoin de voir chaque jour,
Tu es la trace,
De mon passage sur cette Terre
Dans la cosmogonie de cet univers,
Des lois de Manu, le sage
Qui a une sagesse et un courage,
Pour parler à des rishis
Écrit, un texte en vers (…) le plus important et le plus ancien
De la tradition hindoue, qui respecte la vie
Dans ce qu'elle a de plus vivant, même le plus petit, le rien.
Le vent, serait né de l'esprit,
Et aurait engendré la lumière,
Pour laisser ton cœur, toujours ouvert.
Cette lumière est pour toi,
Pour moi
Et pour tous ceux, qui aiment l'arbre,
La fleur,
Les grands temples en marbre.
Le Wat Rong Khun : temble blanc
A subi la violence des vents.
Pour ce peuple, la contemplation vient du bonheur,
D'une beauté jusqu'alors méconnue par les yeux,
Semble avoir été déposé sur Terre par les dieux,
Il s'agit de l'une des constructions les plus étranges,
Peut-être des dieux, comme des anges.
Incrustés de morceaux de miroirs,

Ils transcendent les regards :
Et dans une clarté sacrée
Le rassemblement des divinités,
Offre naturellement, la réflexion
D'un soleil d'illumination,
Qui je l'espère engendre des questions :
Tous les peuples ont assez de pureté,
Pour frémir dans le vent engendré
Par une puissance totalement libérée.
L'usage sain de ses sens :
Rejeter ceux qui tuent des animaux
Et ceux qui sont en contact avec la mort
C'est le respect de l'essence,
De la vie, pour qui le poète écrit tant de mots
Car le poète refuse la mort,
Surtout celle de l'être aimé
Pour qui, il refera la carte du monde entier
Un monde où les enfants n'auraient plus envie de pleurer,
Où chaque matin, ils seraient embrassés ;
Et n'aurait comme traitement que l'amour,
Et élevés jusqu'à la lumière du jour.
Pour qu'elle les ennivre de félicité.
C'est là le plus beau cadeau que l'on peut offrir à un bébé,
Voir dans ses yeux, aucune question, puis lui raconter,
Un peu plus tard, des récits où viennent les fées
Leurs histoires contées,

Leur réalité, qui les accompagnera toute la vie
S'endormir en même temps que lui,
Tous les enfants du monde sont les amies des fées,
Seront le point de départ,
Vers une vie, de farandoles et de rêves de belles histoires,
Et le monde qu'ils créeront sera aussi beau
Que le monde qu'ils auront vu depuis leurs berceaux
Un père toujours souriant,
Heureux de savoir que ses enfants seront toujours gagnants,
Dans un monde, où ils feront régner la dignité.
L'égalité, la fraternité, l'Humanité,
Pour que l'univers entier
Soit fier et ému de la planète Terre.
J'aime tous les enfants : sans exception particulière,
Et je souffle sur leurs yeux,
En faisant le vœu,
Qu'ils ne soient jamais malheureux,
C'est aussi ça le vent, le souffle de l'amour.
Et les voir grandir,
Apprendre la vie avec le sourire.
Ne jamais leur mentir
Et continuer à les aimer aussi longtemps que dure la vie,
Protéger leurs esprits,
Développer leurs envies de créer,
Verser une larme devant leurs premiers baisers
Et prier pour qu'ils gardent toujours,

L'envie et la force d'amour,
Et ça, ce n'est pas l'école qui leur apprendra
Le peuvent des gens de ton apparât.
Mais cette sensibilité qui leur est offerte,
Par la main de Dieu ouverte.
Savoir que chaque instants,
Ils auront besoin de soins,
Les laisser jouer en liberté
Puis, fatigués,
Leur donner le bain,
Parfois dans l'eau de la rivière
Chercher dans leurs murmures, l'étrangeté qui les lie au divin,
Les laisser choisir, s'ils veulent jouer avec les pierres
Du bord de mer,
Ou avec leurs mains et leurs pieds.
Je les emménerai dans mes bras, caresser,
La douce licorne qui n'accepte que l'innocence,
Et si la licorne verse une larme
Devant le monde de l'enfance,
Dans le verger se réuniront tous les charmes,
Des merveilles,
Issues de leurs sommeils.
À quel rêves nourriront-ils leur mémoires ?
Leurs parents sauront-ils leur donner cet espoir
Enfoui dans quel passé ?
S'ils viennent à peine d'être nés ?

Pour eux chaque jour est une infinité
Le temps de la journée,
Est leur seule réalité,
Ce sont peut-être leurs premiers rêves qui seront cette mémoire.
Écoute le vent, souffler leurs histoires …
Tu n'y comprendras rien,
Ils seront à l'abri dans le matin.
Mes rêves d'enfant sont quelque part,
Ils appartiennent à l'océan de tous ces départs,
Vers la vie
Ce sont mes rêves de toi qui m'élancent sans bruit,
Vers le torrent d'amour soulevé par les vents
Qui emporte notre amour, qui reste cohérent
De ton intimité, à la mienne,
Il n'y a aucune séparation,
Nous échangeons nos forces par cette fusion,
Qui en devenant tienne,
Te donne la volonté d'affronter tous les vents
Tu es libre et sans haine,
Surtout tu es bleu, comme le ciel, au printemps.
Tu rayonnes de beauté et de la vague de la vie,
Surtout lorsque tu me souris ;
Et lorsque je nage dans tes profondeurs océaniques,
Je découvre un monde magnifique,
Et je ne veux jamais te quitter
Tu es le vent qui ne fait qu'aimer,

Et je ne veux pas te voir pleurer,
S'il m'arrive,
De quitter notre rive :
Ta rivale : c'est la mort.
Mais elle ne frappe pas au hasard,
Les puissances divines gardent face à elle, des pouvoirs encore
Là est la force que D. pose devant nous : son miroir
J'ai encore une éternité,
Je n'ai pas fini de t'aimer.
Nous venons à peine de commencer
Tu es le début de mes premiers jours
D'amour,
Il m'a fallu toi pour comprendre ce qu'est la nécessité de la vie
Comme le ciel a besoin du vent,
T'offrir la liberté, te prouver d'amour toutes les nuits.
J'ai besoin de toi, pour faire le chemin, si longtemps
Tu es mon point de départ, mon point d'arrivée
Durant cet intervalle, tu restes avec moi, près de la liberté.
C'est toi qui m'apporte la totalité,
De la permanence des forêts
Où les oiseaux chantent toute l'année
Pour que nous ne nous séparions jamais
Tu es apparu à la fin de toutes les guerres,
Pour faire oublier, cette misère,
C'est ton cœur qui parle en premier,
Puis, tu cherches toutes les fées

Pour remplacer les débris du combat,
Par des fleurs, de victoire et de joie.
Qui porteront les âmes de ces sauveurs,
Par le vent qui se plie sous l'honneur,
De les laisser voir, la Terre, revenue enfin en paix !
Je suis comme cette Terre, j'ai été bombardée
Trop souvent,
J'ai vu la haine des hommes violents,
Mais en ouvrant mes yeux, j'ai vu ta douceur,
Tu m'as immédiatement apporté le bonheur !
J'ai vu en toi une gentillesse surhumaine
Qui comprend toutes les peines
En l'espace d'une seconde, ton intelligence est intuitive,
Ta vie est définitive
Je te garde près de moi,
Blottie dans le secret de mes bras
À l'abri du temps,
À l'abri du vent
Oui, je sais il y a en moi des mystères
Jamais élucidés, qui me viennent de mon père.
Peut-être dévoilés et compris par le maître des vents,
Mais toujours dissimulés depuis ma conscience d'enfant.
Le vent a tout emporté !
Et j'ai oublié
Au milieu des étoiles du jour,
La lumière d'amour,

M'a sauvée, et depuis ce jour,
J'ai toujours cherché l'amour,
Et te voilà,
Homme,
Parmi les Hommes …
Celui à qui je parle tout bas.
Celui qui me regarde avec un désir fort et doux,
Un amour calme, posé, un peu fou
Je souhaite à toutes les femmes d'aimer et d'être aimées,
Certaines s'ouvrent comme des bouquets
Mais toutes les femmes le peuvent-elles ?
Encore une fois c'est le miroir de D. qui répondra.
À chaque femme, son ami aux ailes
Pour la faire voler dans ses bras.
Un Brahmane : un savant ?
Un Kshatriya : un guerrier ?
Un Vaishay : un paysan-artisan ?
Un Shudra : un serviteur rétribué ?
Dans tous les cas, c'est sa femme qui l'accompagnera,
Elle lira ses livres et l'encouragera,
Jusqu'au prix Nobel,
S'il est guerrier, elle écoutera les messages du ciel
Avant de le laisser partir,
Car elle veut le voir revenir
S'il est paysan-artisan
Elle le suivra dans les champs,

En glissant ici et là une ou deux fleurs
Pour sa surprise et son bonheur,
Existe-t'il un humain qui n'aime pas les fleurs ?
Pourquoi les fleurs existent-elles ?
Simplement pour que la Terre soit encore plus belle
Si tu perçois, mon amour pour toi,
Tu verras ma chevelure fleurie,
Tous les matins
La joie chantera ses refrains.
Je pense à toutes ces joies,
Que je peux apporter à ta vie,
Pour toi je mettrai le temps en veille
Pour que tu prennes le temps de goûter aux merveilles,
Moi, c'est toi que je veux goûter
Je te trouve si beau, ensoleillé
Doux comme les alyzés
Chaud, régulier,
Tu découvres en moi, des régions intertropicales
De soleil, à la recherche de tes fragments musicales
Partout où tu passes, tu laisses des souvenirs de chansons,
Partout où je marche, j'entends ton prénom
Aux promesses languides
Et tu devines mes rimes silencieuses,
Sache que tu me rends heureuse
Et je t'aime, lorsque tombe la pluie silencieuse.
Ton caractère lisse, poli et délicat

Est la synthèse, le premier pas
Que je fais en te voyant, émerveillée, candide
Et tu respectes le roi David,
Qui ne cesse de voir la vaillance
De ton intelligence,
Qui dépasse l'espérance
De tes parents,
Puis de toi, jusqu'à tes enfants,
Et qui multiplie les vies,
Chaque fois que l'on te souri
Où que l'on a besoin du bras de ta justice,
Tu refuses tout sacrifice,
Et Abraham, en gravissant la terre de Moria
Son fils dans les bras
N'entendait pas le sourire de Dieu,
De l'épreuve de celui qui peut, qui veut
Tout dire dans un vent,
Le murmure vivant du temps
Le vent de Adônaï-Yéraé
Où tous les êtres célestes chantaient.
Abraham accomplit
Ce que les anges lui avaient dit
Et l'Éternel promit :
"[…] toutes les nations de la terre s'estimeront heureuses
Par ta postérité, [valeureuse]
En récompense de ce que tu as obéi à ma voix."[xiii]

Le monde devint immense, riche de tous ces habitants,
Mais l'univers ce n'est pas si grand,
Lorsque tous les êtres sont frères
Et vivent paisiblement sur la même terre.
Le rêve de Dieu venait d'apparaître,
Il allait voir tous les enfants du monde naître.
Et pour chacun d'eux, il insuffla le vent de la vie
Une vie, un souffle qui ne connaîtront jamais la "nuit."
Le premier enfant du monde fut un fils qu'importe son nom,
Issu de : *"[…] l'homme [qui] s'était uni à Eve, sa femme. […]"*[xiv]
Il existe des noms pour ne pas confondre, et respecter,
Cette identité,
De chacun
Sa sexualité, et son âme
Souffles divins.
Autant de prénoms,
Autant de questions,
Autant d'horizons.
Si l'océan est le regard de Dieu,
Il voit les yeux,
De tous ses enfants
À tous, il offre l'amour
Avec ou non, l'accord de leurs parents,
L'amour est la fleur sauvage de la liberté
Douce comme le vin de ton humilité.
Elle est souvent, la seule raison de vivre,

Faire l'amour,
Pour que dans ton cœur, fleurisse le jour.
Cueillir une fleur
Ennivre,
Te délivre ;
Dans un vent qui ne donne pas de torpeur.
Certains magiciens dansent toute la nuit,
Pour accueillir la vie.
De midi à minuit,
Et de minuit à midi,
La licorne chante aussi,
Sur des chansons qui viennent du ciel de tes yeux,
Près de toi, personne n'est malheureux
Tu souris tout le temps
Tu connais l'océan, où trouver le poisson,
Si la faim envahit les raisons,
Tu connais le cœur des enfants
Assis près du vent,
Qui ne demandent rien,
Et qui attendent tout,
Et s'enroulent dans le pelage doux
De la licorne nue.
Le silence d'un enfant peut être rompu,
Prends dans ta main, sa petite main
Puisque ta main est la plus belle fleur,
Il aura très tôt, une préconscience du bonheur :

Et fais lui caresser le pétale si doux.
Il aura envie de comprendre tout.
Il sera le bienvenu,
Et dans mon cœur connu
Sur toute la Terre,
Et peut-être fera-t'il comme son premier père,
Refuser systématiquement les guerres,
Et ouvrir ses frontières
À l'être ami,
Lui proposer le logis.
Et à toi,
Le cœur de ma vie,
Toi,
Ma vie,
Ma vie et toi s'écoulent ensemble dans le même destin
Et nous pourrons aller loin,
Avec tes mains de magicien,
Si mes fleurs ont encore le droit,
De se mêler, à toi,
Pour faire ta joie.
Et donc, ma joie.
Le vent de notre amour est puissant :
Il déplace les torrents,
Fait fleurir les champs,
Le vent, c'est notre destin.
Il me porte vers toi,

Si près et si loin !
Et pourtant je te sens toujours à côté de moi ;
Dans le vent j'entends tes pas,
Le monde devient merveilleux, par tous ce que tu peux faire !
Tu sais protéger avec tout ton amour, la lumière
Et tout ton cœur, enveloppe la Terre.
Lorsque j'ai l'impression que l'amour a disparu
Toujours, il me ramène devant tes pieds nus
Tes sandales sont ailés,
C'est le vent qui l'a demandé
Lorsque tu marches au rivage, de mes yeux,
Tu sens l'incroyable douceur faite pour nous rendre heureux.
Dans le sable humide de mes yeux,
L'océan peut rendre follement amoureux,
Je suis un peu de ce mystère bleu.
Mais je ne commande pas au vent,
Je me couche devant les portes du temps,
Pour que nous fassions l'amour au bout de la danse qui chante.
Calmer définitivement la sorcière qui désenchante.
Je connais quelques endroits,
Que le temps ne fréquente pas,
Veux-tu venir y vivre près de moi ?
Pour créer, dans les esprits, la seule nécessité : aimer.
Si tu te joins à moi, ce sera par ta volonté
Et les vents, nous offrirons la liberté :
Et nous oublierons les erreurs du passé,

Pour enfin nous retrouver,
Sur une terre débarassée des barbares !
Alors, je me reposerai sur ton regard,
Avec toutes les fleurs que le vent m'aura porté,
Les fleurs du soleil toujours éclairées,
Parce que descendues du ciel, elles sauront la divinité.
Je suis fidèle à l'éternité,
Parce que c'est toi qui l'as créée.
Pour toi, je danse avec la pluie
Et le vent, y voit de la vie,
Tout ce que je fais, c'est pour t'apporter un soutien amoureux,
Je puise dans mon arbre intérieur,
Toutes les couleurs,
Dont tu as besoin pour survivre et être enfin heureux,
Ouvre les yeux !
Nous sommes nombreux,
À lutter contre l'endoctrinement,
Et avec le temps, nous avons toujours été gagnants
L'humanité connaîtra toujours des printemps,
Le monde redeviendra comme un enfant,
Au fil des cycles, la vie revient toujours
Avec toi, je vis en permanence dans l'amour,
Et le vent m'apprend le combat pour te garder,
Et te montrer mon chemin sacré.
Tu es plus précieux que la vie,
Tu es l'étoile qui me parle la nuit

À laquelle je réponds par ma télépathie
Pardonne-moi de ne pas encore avoir la puissance,
Je n'ai qu'un cœur qui balance
Des fleurs, à l'océan jusqu'à toi,
Jusqu'au bout du miroir, dans lequel mes pensées sont là
Pour toi.
Parfois quelques oiseaux,
Me disent de voler plus haut
Que les montagnes, là où D. veille,
Je ne veux être que ton soleil.
T'éclairer par cet amour qui ne cessera jamais,
Du début de ma vie, à tous mes rêves ignorés,
Tu es le mystère, de tous mes instants,
Qui s'émancipent vers toi, ma liberté, à la vitesse du vent.
Je suis le reflet de tes songes passés,
Nous vivons heureux, dans l'harmonie de nos secrets.
Quand tu étais encore dans le monde du ciel, près de lui,
Il t'a promis mon infini.
Toi, qui as toujours connu la vie …
Veux-tu y ajouter un peu de magie ?
Je ne suis pas une sorcière,
Mais je sais où se trouve la seule licorne qui enchante,
Elle vit dans les rivières,
Dans les clairières,
Et même sur les champs de guerre.
Elle est plus rapide que les ténèbres, elle sauve toujours les vies

Elle, est puissante,
Et toujours bienveillante.
Je me suis souvent couchée aux portes de ce qui est permis
De savoir d'elle …
Ce qui est sûr, c'est qu'elle voit tout depuis le ciel.
À l'époque de la Perse ancienne, elle regardait
Le vent : support du monde, régulateur,
Des équilibres, cosmiques, moraux, l'impunité !
Le vent n'était que plus doux dans les hauteurs
Il portait avec lui, l'espoir mondial du bonheur
Depuis mille ou mille deux cent ans avant nos temps,
Zarathustra, prophète du mazdéisme, le grand
Le zoroatrisme,
Ou acception de pluralisme.
Est une religion monothéiste,
Avec des nuances déistes.
De tolérance fondée par Zoroastre :
Qui selon Aristote signifie "qui sacrifie aux astres."
Le zoroatrisme comporte une divinité bipolaire
Et complémentaire
La religion des anciens iraniens vouée au culte de Ahura Mazdâ
Père de Spenta de Mainyu
Dans cette Perse qui n'est plus,
Et deux choix :
La justesse : Asha
Et Druj, la tromperie,

Par opposition au bon esprit.
Angra Mainyu,
La mauvaise pensée.
Zoroastre restera toujours "le porteur de l'aurore dorée."
Malgré sa splendeur, il vivra plusieurs années d'exil,
Qui seront rendues plus fertiles
Par ses entretiens avec Ahura Mazda, et trouvera un protecteur
Hyspatès, le grand-père de Darius premier, le grand Seigneur,
Un grand roi.
Depuis la religion s'étend jusqu'en Perse : l'actuel Iran.
Victoire et joie de Zarathoustra,
Dont les écrits survivront aux temps infinis.
Et ce que Dieu a donné : c'est l'amour pour monter jusqu'à lui
C'est-à-dire peut être maintenant.
Le présent n'aura jamais de fin,
C'est-à-dire juste un matin.
Où certains rois parviendront à imposer un destin
Sous le regard de Dieu, créateur.
Qui voit toutes les aubes à la même heure.
Ormuzd réside dans la lumière la plus pure, et porteur de l'arta
Offre la fleur de l'amour et de la joie.
Mais malgré toute sa sagesse, il est dominé par Zervan,
Mais le pouvoir du bien sera triomphant
Le temps sans bornes, une définition possible de l'éternité ?
L'éternité, comme prolongement du passé.
Est-ce à croire, que ce peuple souhaitait de plonger dans le vent

D'une méditation temporelle ?
Les vents de la pensée,
Semblent toujours irréels
Jusqu'à ce que la vie ouvre l'univers de la réflexion
Une question,
Pour naître à la vie humaine
Pour établir une stratégie contre, Angra Mainhu, et Ahriman,
Aussi impuissants que des ânes,
Qui errent dans la nuit éternelle.
La vraie vie, la création sans haine
L'amour dans toute sa dimension substantielle.
Pour répondre à la douleur, la réponse a toujours été l'amour,
Puisque le véritable amour pense,
Depuis …, jusqu'à ce jour,
Tu remplis toute la jouissance de mon existence,
Et pourtant tu n'es qu'un homme, un être si bon
Que tu veux comprendre toutes les questions.
Dans ma vie, je n'ai qu'une interrogation :
Toi .
Puisque tu es l'étoile, la voie lactée, le vent,
La promesse brillante du jour d'avant ;
Et dans ma nuit, cet immense soleil.
Il me suffit de t'entendre une fois,
Pour qu'avec toi,
Le vent soit une douce merveille.
Merci, de m'être apparu

Alors que je n'y croyais plus.
Par ton être, j'aime toutes les créations,
Ormuzd, selon l'ordre successif de la création
La première créature de toutes est une goutte d'eau
Puis le feu, flamboyant, d'un éclat devant le silence du mot :
Hébraïque, inconnu, qui exprime les lumières infinies,
Que tu disposes autour de moi, pour chérir ma vie,
Ta bouche est un rubis,
Tes yeux des diamants noirs,
Et le rouge et le noir s'allient dans l'espoir
Porté par l'homme et la femme lorsqu'ils attendent le chophar
Comme le feu, désirable,
Inaltérable,
Il créa enfin le vent,
Sous la forme d'un homme de quinze ans,
Qui soutient l'eau, les plantes, le bétail
Et encourage à la performance dans le travail.
Est-ce là l'essentiel de la création ?
La création peut être dissimulée,
Aux côtés des arbres gardés.
Le vent de l'amour,
Qui de toi à moi chantera toujours :
Comme le vent souffle dans le soleil, pour en attiser les flammes,
Je veux protéger ton âme
Quelques grains de sable de Canaan,
Pour toi et tes silences brillants

Certains êtres devraient penser
À remercier,
Pour tous ce qui leur a été donné.
Moi, je remercie l'avenir dans un monde où le serpent sera tué,
Ainsi, mon obscurité n'altérera pas ta clarté,
Tu as tellement de responsabilités,
Mais si quelques instants tu as besoin de souffler,
De renouveller ton vent intérieur
Je serai, je l'espère un bonheur
Qui te reposera pour autant d'années-lumière
Où tu devras voyager de terre à terre,
De ciel à ciel, sans te laisser envahir,
Tu es le seul commandant de ton avenir,
Et je préfère,
Pour toi, la plus belle carrière.
Où tous les jours, les gens viendront te dire merci,
Laisse-moi, bien ranger
Ton bouclier,
Ensemble, nous irons sur la terre des vents
La Terre dont tu rêves, est celle pour laquelle je prie,
Les fleurs ne cesseront leurs printemps,
Tu m'apprends à cultiver l'amour et l'amitié
Au nom de la liberté,
Et plus exactement de la vie.
Où la vie fait suite à la vie,
Bravo !

Chacun est une fois dans sa vie est un héros,
Et il y a ceux qui le sont tout le temps.
Le vent
Fera cesser les tourments,
Et grandir tous les soleils levants
Dans les yeux de toutes les nations
Tu es le cheval du vent,
De toutes les religions.
Le vent n'effacera pas de mes yeux,
Ton sourire,
Ton rire.
Si j'ai pu t'apporter le meilleur de moi-même,
Alors le vent ne pourra dire
Plus qu'une chose : "je t'aime."
Et le vent
Ne fera plus jamais pleurer et les enfants
… Le vent,
C'est de l'amour pour très longtemps.

La licorne bleue et le soleil

Le soleil est l'étoile du système solaire,
Pour tous les Hommes de la Terre,
Il enchante les abeilles,
Et elle émerveille les merveilles
Qui grâce à lui, produit le miel roux.
Et pourtant le chemin entre eux semble fou :
Cent quarante neuf millions de kilomètres
Et un seul maître :
L'interdépendance,
La même espérance.
La Terre, lieu de vie de la licorne bleue
Fait sourire le soleil de tous ses feux.
Puisqu'elle écarte les nuages entre lui et la Terre,
Car la licorne est la meilleure amie de la lumière.
Et qu'elle monte dans les cieux
Dès qu'elle perçoit une esquisse de Dieu,
À l'instar du grand feu.
Si tu la regardes bien, tu verras les plus beaux yeux
Des yeux que tu soutiens,
Si tu lui veux du bien,
Elle est plus âgée que l'astre solaire
Elle connaît toutes les faces qui éclairent
Elle aime laisser les anges jouer dans sa crinière :
Depuis environ quatre milliards, cinq cent mille ans
La Terre est un peu plus jeune que le soleil

Mais l'âge ne fait pas la merveille,
Il n'est qu'une marque du temps,
Et la licorne ne connaît pas cette dimension
Elle se laisse volontiers entourée par les rayons blonds,
Ensemble, ils protègent la voix lactée, la galaxie :
C'est probablement le sens de leurs vies
Ils adorent quand la Terre sourit.
Et pleine de force, elle gravite autour de l'astre de vie
Pour y voir toutes les fleurs
Qui sont un aspect de l'ordre du monde du bonheur,
C'est souvent dans l'apparente simplicité que vient le miracle,
Et la poésie ne veut pas être un oracle,
Elle est présente exclusivement sur Terre,
Et les sept autres planètes
Sur nos vents, sur nos mers
Essaient de comprendre l'*Aurélia* de Gérard de Nerval, poète.

"Ma seule étoile est morte, et mon luth constellé
Porte le soleil noir de la mélancolie"[4]

Les étoiles sont descendues sur l'art sacré,
Et le romantique pose dans le ciel, un miroir de sa vie.
Il cherche partout *Aurélia*
Jusqu'aux cinq soleils, vus par les Mexicains :

_____

[4] Gérard Labrunie, *Aurélia*, dans la Revue de Paris, 1er Janvier 1855, chapitre p.156

Aurélia est-elle fille du tigre : Tezcatlipoca ?
Du vent Quetzalcoatl qui tournoie ?
De la pluie ou du feu : Tlaloc, venu sur le chemin
Pour chauffer ou laver son cœur, ses mains ?
Ou enfin, de l'eau Calchivitlicue, où *Aurélia* flotte nue.
Le poète voit ses rêves parmi l'azur des nues.
Et moi, je te vois à la fois ciel, à la fois Terre
Tu es mon présent, mon futur depuis hier
Et j'ai bien entendu ton luth constellé,
Chanter.
Il me parle d'un avenir,
Que les fées viennent secrètement adoucir.
Elles créent la lumière zodiacale perçue sur le ciel nocturne,
Et se prolonge sur ton rêve diurne,
Tu files comme une comète,
Et ta seule fête
Est de savoir que tu es aimé
Puisque tu sais aimer.
Mon regard fleurit,
Mes visions sourient
Tu es plus doux que la vie
Du cheval libre, qui galope vers le soleil : toi.
Le soleil parfois descend sur Terre, quand les anges sont en émoi
Lorsqu'ils me voient penser à toi, dans une larme, un rire,
Et toi, tu les tisses entre eux pour en faire ton plus bel avenir.*

Le plus beau cadeau que je te fais est "la mer allée avec le soleil"[5]
Tu peux chanter dans la mer, tu peux être une merveille
Le soleil trouvera en toi, un espace de tranquillité,
Que je viendrai rencontrer :
Et je te présenterai la mer dans laquelle j'ai grandi
L'éternité du soleil, c'est mon infini,
Et si la mer choisit de s'en aller en même temps que le soleil,
Devant les larmes de la Terre, D. abolira toutes les lois du temps
Pour que tous les infinis puissent aller de l'avant.
Et cette éternité, nous pourrons la vivre mon amour,
Si tu veux bien, me laisser entrer dans tes jours …
Et en un seul baiser, embrasser toute ton existence,
Et comme le temps aura perdu sa substance,
Ce baiser sera le trait d'union entre toi et moi,
Comme la Terre au soleil.
Le soleil est au centre du ciel-roi,
Comme le cœur, au centre de l'être,
L'Amour dans ce monde doit paraître.
Là où se cachent les merveilles…
La plus gentille des fées,
Possède une étrange clé,
Qui ouvre la porte des âmes,
Elle te la donne, puisque je suis ta femme (?)
Elle connaît toutes les pulsations de l'empire,

---

[5] Arthur Rimbaud, *Oeuvres Complètes*, Bibliothèque de la Pléiade, Editions Gallimard,1972, p.79

De l'amour, de l'espoir et du rire.
Le soleil est une force divinement bonne,
Elle transmet l'énergie, qu'elle donne,
À travers les vents,
Et pour tellement de temps,
Que la vie restera le parfum de ta voix.
Tu sens la présence du soleil en toi,
Et tu parles au grand prêtre des hébreux,
Qui portait sur la poitrine, un disque d'or
L'Hoshen recevait les oracles de Dieu.
Mais sa fonction exacte n'est pas révélée totalement.
On sait juste qu'elle est "le pectoral du jugement."
L'Ephod était couvert de pierres précieuses, mais pas d'or.
L'Hoshen en était vêtu et avait l'apparence d'un être royal
Il ne faisait que suivre les sons de l'étoile magistrale
Seul un prêtre peut prier
Si longtemps,
Et danser
En même temps.
Son pectoral orné de douze pierres précieuses, car douze tribus
(Puis l'on dit que la fonction de grand prêtre disparut).
Ou sont-ils quelque part avec la destruction du second temple ?
Les prêtres, les prophètes, les sages parlent ensemble.
Il y a déjà si longtemps …
Que le temple est encore vivant
Le Kohen ha-Rosh était le premier

Peut-être détient-il le secret,
De l'alliance sacrée.
Les grands prêtres, comme les prêtres descendaient d'Aaron :
Laissent ouverte la question,
Et c'est là le plus important:
Tu penses à l'arche, tu sauves le soleil et sa terre en un instant,
Le premier des grands prêtres était interprétre de Moïse
Et lorsque David était dans la lumière grise,
"Il dit au prêtre Ebiatar, […] : "Fais-moi, je te prie,
Avancer l'éphod. [Pour parachever des vies].à David"[xv]
Le jeune roi, incroyablement lucide.
Le prêtre Nob, pria longtemps
Autour du soleil, autour du vent.
Et David écouta le jeune Égyptien, esclave d'un Amalécite
"David reprit tout ce qu'avaient enlevé les Amalécites […]."[xvi]
Un bras libérateur, épris de justice,
Sol Justitiae (soleil de justice)
Et aussi Sol invictus :soleil invaincu, triomphant.
Tu es incomparablement le gagnant,
Tout ce que tu entreprends, tu le réussis,
Tu sais lire, parler pour le bonheur de ma vie :
Tu comprends les mots sans que l'on ouvre la bouche,
Et c'est ce que tu préfères les esquisses
De même lorsque tu me touches
Je sens toutes ces fleurs qui fleurissent
Pour célébrer notre simple et puissante histoire d'amour

Gouvernée,
Par la confiance et la liberté,
Ton amour se mêle aux rivières de mes jours
Et il envoie les influences célestes ou spirituelles reçues pour nous
Par notre terre,
Tu es l'homme interplanétaire,
Amoureux du soleil avec lequel je me lève
Dans un semi-rêve très doux.
Et je me demande quel fut le premier rêve d'Éve ?
Le rêve est la plus belle porte vers nos désirs,
Dieu et toi, vous êtes mon avenir,
Les seuls pour qui je soupire,
Toi, cela fait longtemps que tu as la porte de mes nuits
Et la nuit, c'est aussi une part de la vie
Et le soleil est toujours là,
Même si à cette heure là, on ne le voit pas.
Je vis par ta lumière et ta chaleur ;
Je suis exclusivement ta fleur,
Et sur ta peau, je sens les battements de ton cœur
J'admire ton incomparable courage,
Et je cherche à être sage,
L'amour est une forme de sagesse
Et selon J. Lacan, qui parle d'amour,
Comme je te parle de la lumière du jour :
L'homme n'a que deux objets primitifs : lui-même
Et la femme qui s'occupe de lui, et dit parfois : je t'aime

Ce qui est sain : on aime, ce qu'on est soi-même,
Ce qu'on a été,
Dans un passé plus ou moins ensoleillé.
Ce que l'on voudrait être …
Moi, je voudrais ressembler à la fenêtre
De ta joie, où tu laisses venir le soleil,
Et je voudrai y ajouter quelques merveilles.
Que veux-tu ?
Une liberté dans toutes les rues,
Savoir que je ne pense qu'à toi,
Et que tout ce que j'apprends
Je veux l'entendre par tes amis ou par … toi
C'est de l'amour, du penser comme touchant au réel.
Tu appartiens aux êtres universels,
Tu ne seras jamais une ombre-poussière
Et tu ne pourras taire,
Ta joie,
Lorsque tu verras,
Un jour le soleil se lever,
Juste pour te dire que tu es toi-même : un soleil magnifié.
Je peux t'offrir des nuits qui te rapprocheront,
De tes ancêtres,
Ils répondront à tes questions,
Et avec toi, ils vont me reconnaître :
C'est moi, qui vais chercher l'eau le matin
Pour tous les chevaliers, de tous les jardins.

Pour toi, je rajouterai la fleur de mes yeux,
Car de tous les chevaliers, tu es le plus preux.
Je peux t'offrir le baiser de la licorne bleue,
Et le mien, je l'espère un jour,
Je veux mourir d'amour,
Dans la lumière sur ta bouche, au creux de tes bras
Et si avec toi, je vis un amour-passion, crois-moi ;
C'est un sursaut résolu pour sauver l'amour,
Puisqu'aimer un être de soleil,
C'est te proposer un éveil.
C'est aimer l'humanité,
Avec ce qui lui reste comme fragments de respect.
Être respecté : ce qui se dit en termes d'amour,
De toi à moi, pareils va se dire maintenant en termes de désirs,
Comme une loi quotidienne, de chaque jour :
Créer des avenirs.
Le respect est la porte d'entrée de l'amour.
J'attendrai que tu m'ouvres ta porte pour t'aimer encore
Et sans aucun doute de plus en plus fort.
Donner de l'indulgence et de la douceur,
Quelque soit la différence de couleur :
Le soleil est le même pour tous,
Ainsi que l'a voulu le créateur.
Que les créatures blessées retrouvent la force douce
De se dire oui, à elles-mêmes ,
De t'aider à te relever parce que je t'aime,

Et apprendre à dire non.
Et si le soleil brille, c'est aussi pour te montrer tes faiblesses,
Construire des murs autour de la vulnérabilité avec tendresse.
Demander aux vents qu'il t'écoute,
Ce n'est pas si difficile, il suffit de regarder les oiseaux sur ta route,
Il existe des hommes-oiseaux, comme le Tangata manu,
En partie hirondelle des mers,
Heureux d'être sur et au-dessus de la terre ;
Ils chantent tous ce qu'ils ont vu
L'oiseau : liberté solaire apporte la paix.
Si le respect est un droit fondamental,
Il est aussi un devoir fondamental,
Telle est l'éthique initiale humaine.
Oublier, ou pardonner l'irrespect, la haine,
C'est offrir une fleur, écrire sur une page blanche
Le renouveau : la première vérité.
La colombe blanche
Ne mentira jamais :
Vie, Liberté,
Dignité et respect.
Et quand elle se pose sur ton cœur,
C'est tout mon bonheur et mon amour
Qu'elle pose en toi :
Laisse-moi venir jusqu'à toi.
J'ai besoin de ta lumière,
Car elle m'est complémentaire.

Je voudrais vivre avec toi, dans un esprit de fête.
Danser, chanter ensemble, sans que cela ne s'arrête.
Pour dépasser l'illusoire,
Au profit du réel de notre rencontre.
La fée d'amour t'a prêté un miroir,
Avec un vrai reflet, et sans la dictature de la montre.
Dans ce miroir, tu peux voir tes rêves, et prier pour eux :
Et admirer le reflet de l'humanisme dans tes yeux.
Il y a très très peu de gens à qui tu peux en parler,
C'est ton océan secret.
Mon miroir, c'est toi : poème,
Qui sait à quel point je t'aime,
Mais je ne me rends pas compte de la force de ton amour …
Est-il plus fort, la nuit, le jour ?
Le soleil joue avec les fées et éclaire le miroir aux rêves
Mon miroir est profond comme tes yeux,
C'est toi qui viens mêler tes rêves à mes rêves.
Tu me parles de ce soleil par lequel je veux te rendre heureux.
J'aime ta perception de notre monde de vie,
Parce que quand tu me parles, tu me dis toujours oui,
Et je m'envole,
Je ne contrôle,
Que les fleurs de mon cœur
Elles sont de toutes les couleurs,
Et les coloris
De la vie,

Sont un secret divin.
Alors j'embrasse tes mains,
Mouillées par l'océan.
Et c'est le soleil qui les séche
Ou mon regard brûlant,
Qui rêve de caresser ta peau de pêche,
Sur la montagne nous irons chercher les restes de l'alliance,
Le soleil nous guidera, dans un élan d'enfance.
Nous formerons l'ultime génération
De travail, de courage, d'amour, de chansons :
C'est toi qui a la plus belle voix du ciel
On y sent la douceur réelle,
La puissance intemporelle
Que tu as et que tu donnes sans parcimonies,
Ton chemin est le chemin de ma vie
Le soleil te garde, comme un de ses enfants,
Tu es plein de lumière
Depuis que tu m'as retrouvée,
Jusqu'au fin fond de l'antiquité,
Je n'ai besoin que d'amour et de temps,
Et de toi, qui rayonne comme une prière.
De grands esprits avancent des efflorescences surréalistes,
Lacan parle de soleils qui existent,
Il en tisse une série de thèmes,
Mais il n'y a que les poètes qui savent dire je t'aime,
Pour le psychanalyste l'existentiel,

De tout humain, qui sont tangibles et réels,
Vont par deux :
La femme et Dieu,
Le corps et la jouissance
De l'extase aux souvenirs d'enfance,
Les plaisirs varient avec l'âge
Et l'Homme qui grandit sans amour,
Est seul et sauvage,
Donner de l'amour
Est un véritable sacerdoce, une nécessité
Par, elle commence le respect
De soi et de la vie.
Savoir dire oui et merci.
Je te respecte, je t'aime, je t'adore,
Tu es dans mon cœur, un soleil d'or.
Tes rayons me font toujours rêver,
Tu es le jour, la nuit retrouvés …
Je te suivrai sur les montagnes les plus escarpées,
J'espère qu'il y aura des anges pour m'aider.
À te suivre et à nous faire voler,
Dans le sublime de l'amour,
Tant qu'il y aura des jours
Ici ou ailleurs.
Je ne me perdrai pas, je suivrai les fleurs
Tes fleurs intérieurs me parlent de ce bonheur,
Elles lient de toi à moi,

Dans les vents de notre roi
Les plus beaux
Mots :
Un hymne à l'amour :
L'anthurium, blanc, marron, rouge ou vert
Cette fleur sait que les femmes l'espèrent.
Sur leurs spadices sont fixées des fleurs minuscules,
Elles ne sont ni fières, ni ridicules ;
Elles sont nées pour ton amour.
Elles accompagnent ta vie depuis l'antiquité,
Et le soleil, les fait pousser, chanter
Et s'élèvent vers le ciel pour célébrer la licorne bleue.
Elle parle l'amour : elle t'a caché dans mes yeux
C'est toi qui rend mon cristallin transparent
Tu es un soleil non-violent,
Et si peu d'êtres parviennent à soutenir ton regard,
Il est pour moi : présence de lumière, espoir.
Tu fais fuire les ombres,
Même les plus sombres
Ton soleil est l'intelligence du monde,
Et l'obscurité finit par se coucher devant ton génie
Tu es l'orphique de toutes les secondes.
Veux-tu protéger ma vie,
Et planter son arbre dans ton jardin ?
Je pousse devant toi, devant tes mains.
Car ta Terre est douce et lumineuse,

Et je suis entourée de fleurs heureuses,
Qui grandissent chez toi, puisque chez toi c'est comme l'univers
L'espace qui t'appartient obéit au son de ta voix : ma prière,
Chez toi, la souffrance disparaît
Ton soleil est une épiphanie ouranienne.
La divinité est ta certitude quotidienne,
Semblable à l'amour que j'ai
Et qui me fait surexister.
Je t'aime plus que toutes les réalités.
Veux-tu partager le soleil dans le vent de mes cheveux ?
Si je peux caresser tes yeux,
Si je peux faire quelques voyages dans tes bras,
Trouver en toi, un homme si différent,
Un homme qui aime différemment,
Qui sourit au soleil et à l'amour,
Regarde il fait jour,
Je suis en vie, pleine de toi : tu es mon jour,
Tu es ma lumière, ma nuit la plus douce
La beauté de tout ce qui pousse,
Tu es le superbe des fleurs qui poussent,
La joie d'aimer cette vie
Pour la vie de ma folie,
Qui veut voir galoper ta nuit dans le ciel du soleil,
Les étoiles chantent des symphonies de merveilles,
Les constellations du ciel, viennent de mon, cœur
Et la notre sera inscrite dans un temps qui attend ton bonheur.

Je découvre le vent de la patience,
Je suis la fleur de l'attente,
Mais oseras-tu sacrifier mon existence,
À mon amour qui chante ?
La liberté permanente.
En même temps que l'oiseau solaire
Dans cet espace, le soleil peut guider les hommes dans l'obscurité
Où que tu sois, je serai toujours là pour t'éclairer
Et je te ramènerai chaque jour à la lumière.
J'irai courir, rattraper le soleil pour que tu discutes avec les prières
Ma prière qui monte à toi, s'appelle amour indescriptible,
Elle monte à toi, dans un soleil invisible
Seul Dieu peut comprendre,
Ce qu'une femme peut attendre :
Souvent, j'ai peur pour ma licorne : parfois elle verse une larme
Parfois elle entoure de prénoms, de très doux charmes,
Où tu peux danser dans les rivières,
Sans culpabilité, sans prières :
Et nous nous retrouverons dans les clairières
Qui parfois sont bordées par la mer.
Là, où pas un instant je ne suis plus prisonnière,
Sauf, de toi,
Mais les barreaux sont des arbres à l'oiseau de tes bras,
Dans tes bras,
Quand tu es là
Je t'accepte roi ;

Si nous nous aimons autant,
Y aura-t'il un instant
Où nous nous ranimerons dans un simple regard,
Tu es la manifestation dans la sphère des choses visibles, l'espoir
Ce que Platon, dans la République nomme l'image du bien.
Je vis près de tes mains,
La notion complète exprime la substance individuelle
Et danse dans ta justice réelle :
Dans une robe de satin
Que je ne porterai que devant tes yeux,
Deux soleils merveilleux.
Je ne veux être belle que pour toi,
Parce que tu es le seul qui vient se chauffer au soleil qui est en moi
Et nous découvrons l'océan qui pour nous murmure toujours,
Fidèle, passionnée, heureuse de ton amour.
Je vis dans tous les soleils auxquels tu peux rêver,
Je veux devenir le parfum de tes secrets,
Dans ce flacon, il y a l'alchimie, d'un amour infini
Qui laisse un peu de place à tout cet infini,
Que je te propose ...
Je ne désire que la portée de tes roses.
Ta pensée,
Ton échiquier.
Et tes mains qui me donnent force et amour
Auxquels je pense chaque instant du jour,
Car nous avons enfin la possibilité de nous aimer,

Je tremble quand je sens que tu vas me regarder.
Parce que tu m'apportes la connaissance intellective,
Et que dans tes bras tu me portes jusqu'à la rive,
De la liberté, pour tous ceux qui veulent aimer,
Je serai allongée dans tes bras,
Je ferme les yeux et ton cœur battra
À la porte de mon éternité.
Tu m'emporteras dans ton sourire,
Qui fait concurrence au soleil, j'accepte ton avenir
Tu es à la fois ici et là,
Tous les jours près de moi,
Tu es né de la Force et de la joie
Et savoir,
Que l'on peut connaître des victoires,
Sans la violence du combat.
Qui respecte la femme et lui parle tout bas, quand tu t'en vas.
J'ai de toi la mémoire du son de ta voix,
Et la brûlante envie que tu m'emmènes là-bas :
Au pays bleu,
Qui réfléchit les cieux
Où nous unirons nos yeux,
Comme l'alliance de respecter l'horizon,
Que tu trouveras dans le plus profond,
De ce que tu découvriras chaque jour,
Parce que tu es l'amour de mon amour.
Tu effaces la douleur,

Et moi je ne rêve que de ton bonheur.
Je rejoins les fées, les anges pour leur parler de toi,
Il n'y a qu'eux qui savent toutes mes marées vers toi.
Tu es l'être de mon harmonie,
L'appel secret de la plus belle vie.
Et de toi à moi,
Il n'y aura aucune souffrance,
Et je t'offre toutes mes présences :
De l'enfant que j'étais,
Porté par les eaux bleutées
À la femme que je suis
J'ai trouvé en toi, l'homme avec qui je veux soumettre une vie,
Au grand soleil, aux vents sur les plages, au D. infini.*

Nous visiterons Heliopolis, la citadelle solaire,
Et nous serons ennivrés de lumière.
Apollon est un dieu solaire et initiateur
Il rapproche l'homme, des arts, du chant de tous les créateurs,
Il t'a donné la beauté masculine, plus près sans éclairs,
Il est le cheval qui guide les neufs muses, ...poésie ...
Jusqu'où iras-tu ?
Je ne peux pas me mettre plus à nu.
Vivre c'est quelquefois chanter la nuit.
Je ne suis qu'une femme,
Tu fais partie de mon âme.
Tu purifies,

Tu guéris,
Tu es toute l'harmonie,
Du piano mélancolique,
Dont les notes sont si magiques
Qu'elles donnent au dieu Apollon
Dont tu es probablement le protégé
La force de faire face au serpent Typhon,
Et de le tuer.
Il aime Cénis, fille du roi Lapithe Elatos,
Celle-ci se fait violer par Poséidon,
Mais elle enfantera un fils-médecin
Asclépios, dieu généré
Certains dieux seront jugés par les instances du cosmos
Le pardon,
Tremble au bord des mains.
Et j'interpelle le soleil chaque matin,
Alors je le regarde au loin
Et je cherche, sans comprendre d'où tu viens.
Toi qui est chaud et lumineux
Et qui allume les sourires des gens qui deviennent heureux
Tu illumines le fond des mers,
Et j'aime comment tu parles à la terre,
Tu ouvres les cages des oiseaux
Tu chantes avec eux dans la lumière,
Tu ne crains pas de leur ouvrir ton cœur si beau,
Ton cœur est devenue ma patrie

Là où Déborah monte avec un chef de Nephtali
Fils de Jacob, signifie : combat
Tel le cerf, échappé des bois.
Qui préserve la vie de sa biche, son faon, sa bichette, son hère
Et sur ce grand mont, le chasseur se perd.
De même la Bible des hébreux est transfigurée,
En effet, ils n'ont pas adopté la septante,
Et les fils de Jacob, chantent
Leurs générations : la tribu de Nephtali
Autour de quatre fils, les branches nouvelles,
D'un arbre en terre d'Israël.
Selon une tradition rapportée dans la lettre d'Aristée,
Ce philosophe a évoqué
La traduction de la Torah aurait nécessitée le travail minutieux
De soixante douze fois dans la vie
De traducteurs d'Alexandrie
Dans trois codex : vaticanus
Sinaticus
Alexandrinus.
Seule la Bible des hébreux
Sait parler de montagne et de lumière.
Ainsi est leur terre.
Elle évoque la transfiguration du Thabor
Ce mont sacré est baigné dans une lumière d'or
Il est comme le dit Philotée le Sinaïte, le soleil de vérité
Resplendissant de clarté,

Et les vêtements d'une blancheur immaculée
Illuminairent le très saint Jésus-Christ
Pourtant pour les hébreux, le mont Thabor reste un mystère :
On y allumait des feux afin d'annoncer les débuts de mois,
Et les jours de fête,
Puisque le soleil est fidèle à la Terre,
Et le soleil a certainement pleurer devant Jésus-Christ,
Tout ce qu'il endura.
Les chrétiens l'honorent dans une pérégrination complète :
Une purification qui se veut parfaite.
Un pèlerinage.
Il y a heureusement beaucoup d'êtres qui veulent être sages,
Reconnaître une Force surhumaine à l'humanité :
L'amour qui se confond dans la divinité.
Pour remercier l'Amour,
Pour remercier Dieu.
Réunis dans le soleil que tu m'as donné :
Tes sourires, tes regards de velours,
Ton océan, ce sont tes yeux …
Tu regardes le monde, tu es fort et heureux.
Peut-être parce que je t'aime suffisamment pour l'éternité,
Peut-être parce que le soleil s'assied à tes côtés
Tu es le début du monde et sa continuité éternelle
Tu rends ma vie de plus en plus belle,
Tu corresponds avec les jours et les nuits de plus en plus réels
Tu es tout ce qu'il y a de plus beau dans tout l'univers,

Tu me fais danser dans l'air,
Et je rejoins avec joie cette Terre,
Parce que tu rêves d'immenses clairières,
Baignées dans une lumière
Où le soleil glisse sa force dans ma rivière.
Nous nous unissons partout dans le monde du ciel,
Qui nous appelle
Et attend de nous voir recréer l'amour,
Un amour plus puissant que le plus troublant des jours,
Tu es le seul être au monde qui me fait exister,
C'est toi qui demande à la licorne de continuer de galoper,
Tu as besoin de voir le vent se déplacer,
Pour que les fées offrent des couleurs aux enfants
Et que les enfants dorment sur des chevaux blancs
Jusqu'au lever du soleil levant.
Et mourir de joie en les voyant sourire,
Dans leurs sommeils qui jouent la valse des soupirs.
Je voudrais plonger dans leurs regards au moment du soleil,
Et comprendre que c'est du monde, la première merveille.
Puisque le soleil est le lieu où se condense tout l'amour,
Et c'est grâce à cela qu'il fait lever le jour.
Depuis quatre milliards d'années, il féconde et la vie, et la vie
Et même avant, quand souriait le paradis,
La lumière, fille du soleil bonne et douce,
Choisit de revenir parmi toutes ces fleurs qui dansent et poussent,
Devant cette naissance, le rêve de Dieu

Fou amoureux,
De ce possible, la fleur touchée par Ève
Pourront dans un monde jumeau dire au serpent qu'il crève,
Et n'effleurent même pas le sol
C'est la parole du mal, qui se tait devant La parole,
De notre créateur, Dieu dit beaucoup de choses,
Mais qui les a entendus
Pour les transcrire dans la Bible sacrée ?
La première rose,
Sur le corps de la femme nue,
Qui en chantant se promenait.
Les séraphins au-dessus de toute hiérarchie,
Prirent une plume de l'oiseau perché sur l'arbre de vie,
Et sur la terre encore de glaise gravèrent
Les premières lettres derrière un grand feu
Absolument mystérieux.
Puis Dieu insuffla la première prière ;
Que l'on retrouve dans les louanges,
Qu'entendent les anges et les archanges.
Les z'miroth chantés en hébreu ou en araméen
Sont des chansons populaires anonymes,
Aussi pures que ténébreux sont les crimes
Transmises au petit matin,
De génération en génération pour éviter la chute dans l'abîme :
Adon Olam, "Seigneur éternel"
Ou "Souverain universel",

Pour aider à harmoniser l'esprit de l'adorateur
À la révérence respectueuse, toute douceur :
Et cela deviendra plus tard l'appel et la réponse,
La cabane de la mer du soleil qui s'enfonce
Pour rassembler nos pas dans les profondeurs océanes
Et montrer à l'Éternel, que la mer est bonne pour lui
Et cette cabane de bois est bien plus qu'une cabane,
C'est un temple qui protège les premiers secrets de la vie,
Et qui nous fusionnera de cet infini
Au prochain infini.
Je suis le sens de ta vie,
Nous regardons ensemble les fleurs qui donnent à ce temple,
Des lambris.
Des portes du soleil qui désire la mer
D'un amour qui va de la vie
Au travers, de la terre.
L'eau et le feu sur la plage,
La toute première alchimie, qui se contemple
Simplement,
Sans magie
Les étoiles de Dieu sur le rivage
Qui espèrent nous voir entrer dans cette mer,
Pour que le sacré reviennent sur terre,
Puisqu'en nous sourit la lumière de la vie
Avec toute la douceur du vent
Qui interroge souvent le temps.

De ton vent d'homme qui part mais qui est déjà revenu,
De toi à moi,
Qui racontera que nous nous sommes connus ?
Celui qui comprendra.
Notre amour restera scellé dans tous les livres que je t'écris.
Qui t'emmènent dans le pays que tu choisis,
Dans des rêves qui sont accrochés à ton soleil
Et qui t'ouvrent ses bras,
Où j'irai avec toi …
Pour éterniser ton corps de baisers presque pareils
Que tu imagines les yeux vers le ciel.
Ta joie puisse être éternelle,
Car de jour en jours,
Devant toi s'ouvriront tous les parcours,
Et la victoire te proposera
D'être la lumière du ciel,
Qui chantera l'amour,
Mon amour,
Et j'ai besoin de toi,
Car avec toi, rien n'est jamais pareil
Comme les fêtes
Qui se répètent,
Depuis toujours,
Qui fait briller notre soleil.

Conclusion : le hasard ou le ciel

Sont du domaine de l'événementiel.
Le hasard est un événement significatif pour l'Homme,
Et apparemment inexplicable …
L'animal ignore ce qu'est le hasard
Et l'Homme nomme
Cette part de destinée
Incroyablement désirable
Imprévisiblité,
Imprédictibilité.
Alors l'Homme dit : "c'est le destin"
C'est-à-dire la volonté du divin.
L'univers,
Parcourt la lumière
De façon tout à fait aléatoire
La liberté, c'est aussi le hasard.
Mon amour pour toi a pour origine ta gentillesse,
Ton intelligence, ton univers de caresse.
Tu es surprenant comme le vent,
Ton hasard n'est pas la fantaisie de Dieu,
Il m'a choisie pour caresser tes yeux,
Lorsque tu as trop prié, le regard levé vers les cieux.
Je suis tombée du ciel, pour que tu dormes dans mes bras,
De là où je viens, l'univers me parle de toi :
Même les étoiles sont amoureuses de toi,
Qui sait pourquoi les amants

Aiment se marier au printemps ?
Qui sait pourquoi la justice de D. souffle dans le vent ?
Et pourquoi les fleurs poussent ici et pas là ?
Et pourquoi mon regard croise-t'il parfois le vol d'un oiseau ?
Et pourquoi le temps court après le temps ?
Avec tous les accents du vent,
J'aime l'impromptu du hasard
Parce qu'il ne condamne pas
Les poètes disent que le beau
Descend du ciel avec le soir.
Le long d'un arbre fleuri
Visible uniquement la nuit,
Et lorsqu'il chante pour les enfants nés, certes de l'amour,
Mais aussi du plus inexplicable hasard.
Le hasard dans la nuit comme dans le jour
Le hasard,
Ne peut provenir que du hasard
Aristote, disciple de Platon
A évoqué une définition
Ou tout du moins une constatation,
Qui suggère une réflexion :
"Toutes les choses que l'on prend pour l'effet du hasard
Et qu'on croit spontanées,
Ont toujours une cause déterminée."[6]

---

[6] Aristote, *Oeuvres Complètes*, Éditions Gallimard, collection La Pléiade, p.3012

Le hasard se pose doucement sur la vie,
Comme une rose sur ta bouche,
Lorsqu'elle me sourit
Si tu la touches,
Elle m'envoie un baiser.
Ce baiser coloré,
Vient du hasard de l'éternité,
Et se plie à ta volonté :
Ta puissance est ta liberté
Mais pour y arriver,
Tu as besoin d'être aimé,
Et je crois chaque instant effleurer tes secrets ;
Tu aimes depuis tellement d'années,
Au hasard de nos destinées,
C'est sur la mer que nous nous sommes retrouvés.
C'est dans le ciel que nous irons danser
Au hasard de nos battements de cœur,
Puisque seul de Dieu vient le bonheur
Mais la mélodie vient de ton amour,
Que j'ai entendue dès que je t'ai vu dans le jour.
Ton chant est plus doux que celui de l'hirondelle
Peut-être le hasard qui s'est inscrit dans tes voyages dans le ciel
Lorsque tu prenais ton envol, tel un ange qui déploie ses ailes,
Peut-être as-tu rencontré des dieux Olympiens ?
Tu es sûrement protégé par la déesse Tyché
Qui t'apportera toujours prospérité,

Parce que tu es un travailleur exemplaire, plein d'honnêteté.
Au moment où l'aurore aux doigts de rose, propose son matin
Jusqu'à l'aube où tu te reposes enfin
Et ça ce n'est pas un hasard !
Ton intelligence comprend beaucoup d'histoires
Elle comprend, l'origine du commencement,
Et ce qui est surprenant,
C'est que tu pressends le hasard divin,
À chaque fois où ton regard se perd dans des rêves bleus satins,
Oui, tu es amoureux de la couleur du ciel et du hasard angélique.
Et mon chemin qui se revêt de ton hasard est magnifique.
Aussi, si l'on reprend la pensée du philosophe grec, le hasard
Est illusoire,
Tout semble déterminé,
La question qui reste à se poser,
Est : par quelle autorité ?
Une divinité juste, ou une divinité
Qui choisit le "al-zahr", signifiant à l'origine dés
Et qui joue avec les destins
Mais finalement ne maîtrise rien.
Il y a deux forces en opposition :
Un Dieu juste et bon
Et une divinité :
Tyché qui décide du destin des mortels
Il existe cependant un espoir réel :
Elle est associée à Nemesis et à Agathodémon : bons esprits.

Il se peut qu'elle embellisse la vie,
Pindare dans ses Odes l'appelle "fille de Zeus", force royale
Tyché est comme une étoile,
Mystérieuse et redoutée,
Elle t'a pourtant offert sa bonté.
Cependant pour Hérodote, Tyché était dans les mains des dieux,
Sur un étrange plateau de feu.
Ses pouvoirs restent méconnus
Elle peut donner ou garder un silence à vue
De l'espoir des hommes et des femmes,
Toutes les âmes.
Au moyen-âge, elle est représentée avec une corne d'abondance
Source inépuisable de bienfaits, elle offre en silence.
Elle aime voir la joie sur le visage des humains,
Mais pas autant que la licorne qui chaque matin,
Devinant la nature humaine,
Éparpille des milliards de fleurs,
La licorne est souveraine,
Au pays de notre bonheur :
Où le hasard ne sera qu'amoureux
Plein de baisers qui deviennent indispensables pour être heureux,
Mon hasard sera peut-être de te regarder au bon moment,
Quand tu te sentiras totalement libre un instant.
Je prie pour cette liberté qui devient l'un des rêves que je fais
Pour toi.
Nous pourrons rêver en toute tranquillité

Dans tous les endroits,
Il suffit que tu sois près de moi
Et que tu m'offres tes bras
Aucune puissance ne nous séparera.
Je suis le hasard de ton ciel,
Tu es l'espace de mon existentiel.
Et mon ciel, chante dans ton univers.
Ton univers est l'espace caractérisé de ma matière
Et chaque jour, j'ai l'honneur d'entendre ton amour sur ma prière
De même que tu n'es pas le hasard,
Je ne serai jamais poussière :
Je vis dans une robe de fleurs,
Et je passe autour de toi, te laissant mon odeur,
Et je chante ton prénom, toutes les nuits vers ton ciel : les soirs
Deviennent chaque fois sacrés,
Instantanés, spontanés,
Innocents,
L'amour est juste, troublant.
J'ai déterminé mon amour pour toi,
Depuis que tu as commencé à penser à moi.
Ta pensée est la rivière,
Qui me fait chanter doucement,
En toute liberté, quand le monde est clair,
Je veux être la douceur de tous tes instants
C'est la première chose que la licorne bleue m'a apprise,
J'ai dansé dans la liberté, transparente à peine grise

Et le hasard a soufflé chassant les vents sauvages,
Pour sauvegarder la beauté des nuages,
Où je cherche ton visage.
Et tous les oiseaux sont sortis de leurs cages,
Pour me chanter ton amour,
Et entendre mon amour.
C'est ainsi que j'ai galoper vers toi,
Et que je le ferai toujours et encore une fois.
Tu es mon commencement et ma fin,
Mon aleph et mon Tav qui sont les deux liens
De mon alphabet, l'alphabet qui parle du ciel
Un alphabet cananéen qui mentionne le nom de l'Éternel
Et du roi David, complètent le récit biblique
Sur la pierre de Moab par des caractères alphabétiques.
Moïse aurait-il connu le proto-sinaïtique ?
De fait, quelle fut la véritable écriture de la Torah ?
"[...] Elisée apostropha
Ainsi le roi d'Israël :"Qu'y a-t'il de commun entre toi et moi ?
[...]"[xvii]
La réponse silencieuse fut le aleph, symbole de l'unité
Il réunit l'amour du ciel et l'amour de la Terre pour aimer.
Je respecte cet univers, qui t'a fait venir à la vie,
Une vie dans laquelle tu penses à tous tes amis,
Et peut-être un peu à moi ...
Si j'arrive à respecter tes Lois.
Elles sont nombreuses à fleurir autour de toi.

Si nous écoutons aleph, nous glorifierons
L'énergie qui préexistait avant la création
Du monde et de l'horizon.
Deux êtres qui s'aiment découvrent en même temps la réalité
Nous étions des lettres avant d'appartenir à l'humanité
Puis il fut présent dans toute créature,
Le monde était si beau, si pur.
La plus belle prière est de faire reculer le temps
Et en même temps, comprendre l'enseignement
Écrits dans nos rêves la nuit
Le premier enseignement n'est-il pas de merci,
Ce simple mot qui embrasse le cœur
Et qui encourage dans le bonheur,
De respecter avec simplicité, les larmes, cachées dans un sourire
Certains Hommes respectent les femmes qui ne sont que désir
De pouvoir admirer ces étoiles, ces planètes.
Sans jamais l'esprit de conquête
Et l'Homme est heureux,
D'avoir en douceur poser de la lumière dans leurs yeux.
D'avoir compris que la femme n'est pas un jeu,
Et pour l'Homme, c'est un vrai cadeau, quand il sent sa peur,
De l'éloigner, et lorsque se dessine un rire dans son cœur ;
Certaines femmes restent longtemps des enfants
C'est pour cela que leur cœur n'est pas violent.
Et chantent pour demander au ciel, une seule étoile,
Pour l'Homme qu'elles aiment et qui ne fait pas mal.

Cet homme, c'est la stabilité,
La continuité.
Je te vois un fragment de seconde,
Je pénètre tes ondes.
Et les plus doux anges me donnent envie,
D'aller cueillir des fleurs pour toi la nuit.
Et je crois bien que toutes tes pensées sont amour,
Et que pour protéger son jour,
Tu ferais comme mon père l'a fait : te battre contre des titans,
Parfois même le léviathan.
Mon père obéissait à tous les commandements :
Il détruisait la monstruosité,
Pour laisser les enfants jouer.
Tu es la victoire des femmes et des enfants
La victoire de l'innocence tout simplement ;
Mon plus beau rêve est de te serrer au sein de mes bras
Pour remplir ta vie, de velours,
D'amour.
Et je souffre avec toi,
Lorsque l'on ne comprend pas
À quel point tu es beau et gentil.
J'ai comme ça des visions de paradis :
Un homme qui m'expliquerait que l'arbre de vie
"[…] au milieu du jardin,
Avec l'arbre de la science du bien et du mal."[xviii]
Noueraient leurs racines sur ton chemin

La connaissance à l'éternité infinitésimale,
Dieu planta en Eden, un deuxième arbre : l'arbre de vie,
Que tu en manges et vivrais pour toujours :
"L'Éternel-Dieu dit :"[…].Et maintenant, [la vie est bénie]
Il pourrait étendre sa main et cueillir aussi du fruit […] ;
Il en mangerait,
Et vivrait à jamais …"[xix]
Existe-t'il des êtres qui peuvent parler de l'éternité ?
Ceux qui se sont embrassés sous le regard de l'ange de l'amour
Sous le regard de l'archange Samuel qui entoure le jour,
Il sait la force d'amour de l'homme et de la femme.
Il me suffit de regarder ton âme,
Pour sentir tes baisers,
Répandus dans la clarté
Tu es pur, inconditionnel,
Intemporel,
Tu m'as offert des ailes,
Et tu vis dans la compassion,
Et le pardon
Mais tu sais bien que ton Dieu ne te demandera jamais
De sacrifier l'amour.
Puisque la vie est faite pour l'amour.
Aussi j'espère ne te voir combattre que si l'on cherche à te défier,
Alors, tu rassembles tes troupeaux de chevaux,
Ceux qui savent galoper dans les eaux.
Tu parcours les déserts modernes, et tu vas prier

Dans le temple de ton secret ;
Puis tu pars avec l'esprit du ciel,
Pour sauver l'existentiel.
Pour vivre,
Et survivre,
Enveloppé de toutes les fleurs que tu aimes
Les flammes colorées,
Qui sèment
La douceur : Tsiyts que tu sais si bien donner,
Une nécessité.
Et le ciel devient irisé
De la couleur de tes yeux
Mais je ne comprendrai jamais pourquoi le ciel est bleu.
Il n'y a aucune réponse on ne peut qu'imaginer,
Et c'est là, la plus libre volonté
La liberté est la plus belle façon dont tu mérites d'être aimé ;
La lumière de la liberté
Dont sont entourés
Tous les êtres qui aiment penser et aimer,
C'est-à-dire une grande partie de l'humanité.
Le monde actuel refusera le danger d'une guerre.
Nombreuses sont les prières,
D'où qu'elles viennent, elles luttent contre l'absence d'amour
Tu sais dès le début du jour,
Que je t'aimerai encore plus fort qu'hier.
Par la simple présence de tes qualités d'écouter ma prière

Je pense à mon amour,
Mon adoration pour D. qui veille sur ma vie,
Et qui a interdit à la mort de faire un nouveau détour,
Et qui aime ma folie.
Parce que j'aime trop rire et m'envoler.
Surtout depuis que nous avons failli nous embrasser,
Depuis chaque instant je rêve de t'embrasser,
De sentir ton souffle et ta bouche faite pour aimer
Par la parole ou ta masculinité.
Tu es à la fois, compassion et passion,
Et tu es heureux quand je regarde ton horizon.
Tu incites tous les êtres à la créativité
Et tu n'as de cesse de chercher où se trouvent les secrets
Pour le bénéfice de toute l'humanité.
Et le ciel t'alligne sur la constellation de la joie
Parce que je sais quelquefois, où la licorne va,
Elle laisse des poussières
Qui sont comme autant de lumière.
C'est la percée du ciel par le naturel quand je cours vers toi.
Je ne contrôle presque plus mes élans, ta vision,
Fait chanter tous les violons
Des valses de Vienne,
De la douceur de Léonard Cohen,
Et l'espoir des blues men
Et tous les tam tam,
Des hommes libres dans leurs âmes.

Vive la musique !
Cette écriture qui s'entend et se comprend
Dans tous les pays qui prient pour qu'Éole ne soit pas violent
Qui n'a jamais emporté l'écriture proto-sinaïque
Qu'on retrouve dans plusieurs textes araméens, et cananéens
Et que mon Dieu préserve puissamment
Depuis le ciel immanent
De ses mains, de ses yeux,
Est-il satisfait de la transcription que l'on a faite
Dans les moments mystiques ?
Ou la surconscience se trouve en état festival de quête
Et qui se condense dans la théologie cataphatique :
Ses caractéristiques positives, et sa connaissance confiante
Qui rend les espérances toujours souriantes.
Le mystique produit des états de conscience modifiés,
Une(s) certaine(s) modification(s)
De la perception.
"À la faveur desquels le sujet éprouve l'impression
De s'éveiller
À une réalité
Plus haute, de percer le voile des apparences
De vivre par anticipation
Quelque chose comme un salut "[7]
C'est l'apparition d'une réalité en toute transparence,

---

[7] Michel Hulin, *La Mystique sauvage*, Paris, PUF, 1993, p.23

Et de lever le voile de l'inconnu.
Je ne veux pas devenir mystique, ton âme je la connais
N'aie pas peur d'être prédestiné
Et je n'ai pas besoin de traverser les sphères,
Pour entendre tes mots d'amour comme une prière,
Qui entre en mon cœur à laquelle je suis ancrée
Parce qu'elle parle de la vie quand elle est belle,
Et cette image de la vie est gravée dans le ciel,
Aux côtés du trône de ,l'Éternel.
J'ai l'impression de vivre dans ta vie,
Je sais quand tu te lèves
Et j'aime quand tu rêves :
Ton esprit se libère avec moi, la nuit.
Nous appelons la force, et ensemble nous serons toujours vivants
Et la Force s'échappe du vent,
Parce qu'elle a choisi le temps,
Qui est plus constant,
Et devient de plus en plus forte, parce que nous sommes amour,
Je suis heureuse de savoir que tu respectes la lumière du jour,
Tu es dans ta racine une part de la force, et t'aimer
C'est vivre chaque journée,
À t'embrasser et étudier,
Tu as tellement de choses à me sourire,
Je veux te faire rire,
Et protéger ton cœur blessé,
Ta délicatesse m'apprend que la pudeur,

Existe dans le cœur de la femme, mais aussi dans l'homme,
Humains, nous avons la même sensibilité,
Et regarder la vie est un honneur,
Quand notre danse d'amour devient comme,
Le premier matin d'amour, et ce jour viendra,
Et que Dieu nous prendra dans ses bras
Il espère que nous perpétuerons son écriture,
Qui est lettre par lettre un océan par nature,
Et l'océan est le plus doux enseignement
Pourquoi n'irions nous pas chercher la plage,
Foulée par la génération des sages,
Regarder le ciel doucement
Pour accepter d'offrir la puissance de notre amour
Au service des vingt-deux lettres écrites un certain jour
Un instant de création, cela dure toujours,
Et mon désir pour toi, regarde l'été,
Où Dieu a enfanté.
Des lettres d'éternité.
Le calendrier de Guézer
Mentionne l'univers agraire,
Des hébreux du dixième siècle avant la venue de Jésus
Le mois de fruit d'été est appelé : Abiyahu.
La fête dure un mois, dans la terre
Et Dieu mentionna cette charnière
Entre le possible
Et l'impossible,

Par la victoire des efforts récompensés :
Et Dieu n'a pas oublié.
Il a donné les fruits d'été,
Comme Samuel a donné l'amour.
Source d'espoir,
À laquelle je vais boire
Cette source est ta vie,
Je l'embrasse du matin à la fin de la nuit.
Ta source est ma vie,
Notre présent infini
Samuel nous a offert les eaux de l'Euphrate,
Et nous avons succombé à ce grand amour sans hâte.
Pour te donner le bonheur de savourer ton existence,
Parce que l'amour est l'absence totale de violence,
Sa négation, pour l'affirmation
Combien en son nom a-t'on créé de chansons ?
Des nuages de fées qui nous entourent.
J'espère surtout d'entourer d'amour …
Pour te donner l'entrain chaque jour.
Les fées sont les premiers anges des enfants,
Elles les accompagnent sur les chemins du temps.
Et elles n'appartiennent à aucune religion définie
Elles s'envolent dans tous les infinis
Où les horizons sourient,
Pour t'offrir la couleur,
Qui efface la peur :

Une certaine lueur,
Sur les nuages, une couleur de paix,
Qui raconte à l'espoir des promesses de licornes aimées.
Oui les licornes, sont les seuls êtres qui ne péchent jamais.
Mais nous avons à peine le droit de les regarder.
Parcontre les enfants en rêvent toute la journée,
C'est pour eux le jouet le plus approprié,
À l'éducation, avec elles les petits grandissent dans des forêts,
Et comprennent que la vie ne s'apprend surtout pas à l'école,
Et qu'ils ont le droit de poser les questions de leur choix,
Même si elles ne sont pas dans le manuel section trois, page un
Dans mon école, les enfants referont le monde avec des dessins,
Chacun entendra sa parole,
Entendue par tous, avec joie
La compétition s'envolera dans le matin,
Et ils quitteront le foyer,
Sans peur, et sans culpabilité.
Ils n'entendront pas les remarques relatives à leurs faiblesses,
Et ils croiront à toutes les promesses.
Si l'on dit que tous les citoyens sont égaux,
Son devoir ne peut faire défaut.
Ce sera dès l'enfance,
Que s'apprendra la tolérance,
Et apprendre deviendra une grande joie
Les ministres devraient réviser les Lois,
Une fois pour toutes,

Et éviter de détruire des vies,
Ou de réduire au silence des génies.
Je te prête mes chaussures, si tu as mal au pied sur la route,
Je tends l'oreille et je t'écoute.
Je te prête mon écharpe si tu as froid
Et si elle te plaît trop, tu peux la garder,
Je ne t'en voudrais pas.
Et puis, nous apprendrons à les tisser.
Intuitivement, tu respecteras mes amis
Le matin, je te dirai bonjour,
En te donnant toujours et de plus en plus l'amour.
Et je t'aiderai à te réveiller,
Je te laisserai te reposer.
Dans les orphelinats,
Il y aura des jardins pleins de lilas.
Les enfants recevront de l'amour
Et je sais que tu comprends l'amour,
Et que tu aimes mon amour
Et ils comprendront que c'est plus important d'être ami
Avec le plus petit,
Que d'avoir une bonne note !
Les enfants qui se donnent leur amitié,
Peuvent exceller
Et ne pas faire de graves fautes.
La bêtise n'existe pas,
C'est le jugement autoritaire qui s'en donne tous les droits.

Et au moment de l'adolescence,
Sentir son corps appelé par l'amour
La première fois que l'on est aimé,
Reste pour toute la vie un souvenir d'arborescence,
Vers les fleurs du jour
Et deux cœurs qui palpitent,
S'invitent
Dans le palais,
De la cour de récré,
De la bibliothèque,
Ou dans l'herbe à compter les paquerettes,
En discothèque,
À danser pieds nus, pour que la musique ne s'arrête,
Qu'au moment fabuleux, silencieux,
De ce baiser, innocemment enlacé.
Aujourd'hui l'adolescente est devenue femme,
Et je t'aime d'amour, dans la cour du ciel,
Veux-tu encore compter le feu de mon âme ?
Je veux parcourir le monde entier dans tes yeux.
Je respire pour t'embrasser
Et je n'ai rien à cacher à l'Éternel …
Tu seras mon Tav,
Et moi la lave
De ton volcan
Qui crée de nouvelles couches de terre,
La terre est de moins en moins solitaire.

Ton feu n'est ni plus ni moins que la puissance de ton temps,
Et je me chauffe à ta force bienveillante.
Tu as du Tav, l'énergie puissante,
Cette lettre est entrée en toi,
Parce que l'amour le plus sincère est en toi,
Et Dieu aime cela.
Pour toi, tout est possible : le retour,
Chaque jour dans mon cœur d'amour ;
Le retour à l'unité
De la source des quatre fleuves sortant de l'Éden vénéré,
Portant notre véritable racine :
Shin.
Vingt et unième lettre de l'alphabet hébreu,
Le shin est la première lettre de l'un des noms de Dieu :
Shaddaï, nous en sommes ses serviteurs,
Et sur les trois vallées qui se rejoignent au Sud de Jérusalem,
Les chevaux galopent dans le cercle du bonheur,
Notre racine est de comprendre que chaque lettre dit je t'aime.
La richesse de notre langage réside dans la multiplicité,
Des noms de Dieu
Des noms de l'amour
Je crois que je suis une femme aimée,
Quand je vois tes yeux,
S'ouvrir dans le jour.
Que le monde est beau …
Lorsque l'esprit cherche les mots

Pour ramener la paix, en terre sainte
Et dans le monde qui parle de ses plaintes.
Comprendre le Tav c'est comprendre que se terminent les plaintes
Qui réduisent la lumière de l'âme,
Et qui font pleurer les Hommes et les Femmes.
Dieu a confiance en notre nature,
Et ne plus croire en la lumière est la pire injure.
Je te donne ma lumière
Parce que tu me donnes encore plus que la lumière,
C'est toi qui m'as appris à regarder le sceau divin
Et à chercher quel roi, l'a dessiné de ses mains,
Ou dissimulé, pour être trouvé avec entrain.
Le mystère c'est que l'étoile de David est unique,
Elle est la seule autorisation de vénération pudique :
Elle n'est pas une idole, elle est une vraie protection,
Elle représente l'aboutissement de la création,
La totalité des vents, des océans, des roses ;
Et de toutes les merveilles que D. propose.
Je ne savais pas que Dieu existait,
Avant de TE rencontrer.
J'ai découvert avec toi, une vérité
Que je ne veux plus quitter.
L'amour fait tourner la terre
Et jubiler l'univers,
Comme les parents,
D'un enfant aux yeux transparents.

Totalement libre, et rayonne dans les quatre directions
À travers les quatre éléments,
Mais le cinquième est ta chanson,
Et j'aimerai bien chanter avec toi de temps en temps.
Pour ne pas dire tout le temps !
Tout le ciel …
Ne me suffira jamais à être aussi éternel
Que toi.
Tu es le regard de toutes mes joies
De toutes les fois,
Où mon cœur bat pour toi,
Le seul être avec qui j'irai
À la porte des étoiles
Tu es l'excellence qui connaît tout le système sidéral.
Tu es mon corps astral.
Mais les fées me retiennent à la terre
Pour que je n'oublie jamais, la clairière
Où j'ai découvert la licorne bleue,
Qui me raconte tous les jours tes yeux.
En me réchauffant dans les vents stellaires.
Toutes les nuits
Elle m'explique pourquoi elle vit,
Mais avec le matin, j'oublie :
La licorne est un secret éternel.
Un mystère qui vient du ciel,
Pour aimer la terre,

Et protéger notre amour
En apprenant la mélodie de ma prière,
Pour toujours.
J'aime la façon dont on m'a appris l'univers,
Parce que j'ai entendu tes ailes frôler l'atmosphère.
Tu respectes l'ordre divin,
Tu protèges tous les humains.
Et tu applaudis avec tes mains,
Avec la conscience des fleurs de mon jardin
Les fleurs sont une épreuve de respect,
Elles couvrent les cheveux des mariées,
Elles ne laissent pas profaner le silence éternel,
Mes fleurs chantent pour toi, dans la lumière encore plus belle,
De toi,
Tu es la force de la rose qui pousse à travers le bêton,
Tu es l'oiseau qui cherche l'horizon,
Tu es moi.
Et j'imagine des instants d'amour,
Encore plus doux que l'amour,
Veux-tu allumer près de moi, la lumière du jour ?
Dans l'eunomie
Le bon ordre de ta vie, dans ma vie.
Et l'Eiréné, pour faire jaillir la paix
Comme une jouissance de l'humanité,
Tu es ma vie inversée :
Je retourne vers ma naissance,

Le seul moment de réelle liberté
Où j'ai gagné l'amour des fées.
Pourquoi moi ?
Parce qu'elles savaient que je suis née pour toi,
Faire de ta vie, une conscience
Qui te rapproche de ta lignée royale,
Le roi des peuples du monde idéal,
Dont la vision vient de la femme que tu aimes.
Et elle ne sait pas combien je t'aime.
Je voudrai que la vie naisse tous les jours avec ton rire,
Je voudrai te montrer une terre d'énergie, tournée vers l'avenir,
Je voudrai que ta vie, soit un espace de lumière,
Pour que dans cette lumière, chaque étoile, trouve sa voie lactée,
Dans le moindre de tes baisers.
Pour que le soleil chante avec son vent,
Ses premiers printemps.
Pour que l'on retrouve toutes les pierres,
Des temples détruits
Et toujours reconstruits.
Toujours, toute l'éternité,
L'époque de la vérité
Toujours entendre les chants
Des prêtres de toutes les tribus,
Pour que le monde continue,
Et que les textes sacrés ne soient jamais perdus.
Et que la Bible soit toujours lus,

Et qu'aucune de ces vingt-deux lettres ne sombrent dans l'oubli,
C'est promis, dans ma vie
J'irai jusqu'au Tav : la réunion des consciences essentielles,
Car mon esprit est accueillant et ouvert
Et qu'une larme qui sourit est toujours belle
Ce n'est pas la peine d'avoir une religion pour aimer, la terre :
La plus belle religion est de taire les colères
Ces chemins venus de sa gouvernance : le ciel.
Où se réfugient tous les êtres sur lesquels
Dieu a posé des ailes.
Les ailes qui m'emmènent vers la poésie
M'emmènent aussi vers l'amour infini,
Que j'ai trouvé,
Et que je ne quitterai jamais
Tu es cette parcelle de divinité,
Que le vent n'emportera pas sans moi
Puisque tu es un homme en qui j'ai foi
Au pays de la vie,
Merci,
À Dieu d'avoir créer l'amour,
Qui nous fait vivre chaque jour.

Table des matières.

La licorne bleue et les étoiles 7
La licorne bleue et la voie lactée 83
La licorne bleue et le vent solaire 121
La licorne bleue et le soleil 173
Conclusion : le hasard ou le ciel 199

Références bibliographiques

---

[i] Is, 40.26
[ii] Nb, 24.6
[iii] Ex, 25.22
[iv] Gn, 3.24
[v] Gn, 1.1
[vi] Gn, 2.1
[vii] Gn, 1.3
[viii] Gn, 1.4
[ix] Gn, 1.1
[x] Ps, 2.6
[xi] Ps, 74.2
[xii] Gn, 1.2
[xiii] Gn, 22.18
[xiv] Gn, 4.1
[xv] S1, 30.7
[xvi] S1, 30.18
[xvii] 2R, 3.13
[xviii] Gn, 2.9
[xix] Gn, 3.22